AOS MESTRES, COM CARINHO

CARO LEITOR,

Queremos saber sua opinião sobre nossos livros.
Após a leitura, curta-nos no facebook/editoragentebr,
siga-nos no Twitter @EditoraGente e visite-nos no site
www.editoragente.com.br.
Cadastre-se e contribua com sugestões, críticas ou elogios.
Boa leitura!

AOS MESTRES, COM CARINHO

Gabriel Chalita

Gente
editora

Diretora
Rosely Boschini

Gerente Editorial
Marília Chaves

Assistentes Editoriais
César Carvalho e Natália Mori Marques

Editora e Supervisora de Produção Editorial
Rosângela de Araujo Pinheiro Barbosa

Controle de Produção
Karina Groschitz

Projeto Gráfico e Diagramação
DuatDesign

Revisão
Sirlene Prignolato

Capa
Bruno Brum

Impressão
Assahi Gráfica

Rua Pedro Soares de Almeida, 114,
São Paulo, SP – CEP 05029-030
Telefone: (11) 3670-2500
Site: http://www.editoragente.com.br
E-mail: gente@editoragente.com.br

Dados Internacionais de Catálogo na Publicação (CIP)
Angélica Ilacqua CRB-8/7057

Chalita, Gabriel
Aos mestres, com carinho / Gabriel Chalita – São Paulo
: Editora Gente, 2016.
224 p.

ISBN 978-85-452-0116-8

1. Crônicas 2. Educação I. Título

16-0710 CDD B869.8

Índices para catálogo sistemático:
1. Crônicas – Educação B869.8

“Só há uma coisa neste mundo à qual vale a pena dedicar toda a sua vida. É a criação de mais amor entre os povos e a destruição das barreiras que existem entre eles.”

Tolstói

Sumário

Palavras iniciais

O filme *Ao mestre com carinho* traz a complexa relação entre professores e alunos nos anos de 1960, em Londres. Adolescentes rebeldes que desafiavam os seus professores e que não esperavam muito do futuro. A ausência de futuro é sempre um perigo. Surge um professor, um engenheiro, e os temas começam a aparecer. O começo é difícil, há desconfianças por todos os lados. Aos poucos, ele vai mostrando o significado de "educar", de tirar de cada um o que cada um tem de melhor, de contribuir para abrir-lhes os olhos para o existir que vai além dos problemas de cada um. Há alguma incursão pelas histórias familiares e suas consequências. Há amostras de professores descrentes. E o enredo se deixa conduzir por uma música que permaneceu. A canção é de gratidão. *Legal ter você aqui. Um amigo em que eu posso acreditar.* Antes dos conteúdos, as atitudes. A certeza de que o mestre está ali porque optou por estar ali. Porque neles acredita. Porque tem consciência da nobreza de seu ofício. A confissão dos alunos é esta: *Quero aprender sua lição, que faz tão bem para mim.* Junto com a confissão, a certeza de que não será fácil, *Pra alcançar as estrelas não vai ser fácil. Mas se eu te pedir, você me ensina como descobrir qual é o melhor caminho.*

O professor os respeita e os ensina a respeitar. *Foi com você que eu aprendi a repartir tesouros. Foi com você que eu aprendi a respeitar os outros.* O filme poderia ser hoje. As temáticas talvez fossem diferentes, mas a essência seria a mesma. Professores e alunos descobrindo o significado da aprendizagem e o prazer da convivência. Compreendendo as diferenças e suas riquezas. Cenários que se repetem em todos os cantos do mundo onde há alunos, onde há professores.

Mas mestres não são apenas os professores. Mestres são inspiradores. E como deles necessitamos! Este livro é uma homenagem aos inspiradores. Pessoas que fui encontrando por aí e que me impressionaram com a sua decisão de fazer o bem. São crônicas do cotidiano que publiquei durante alguns anos no jornal *Diário de São Paulo*. Há muitas sobre os que trabalham nas escolas. Mas há tantas sobre mulheres e homens que, em viagens, fui observando, conversando, aprendendo.

Meu pai gostava muito de ouvir histórias. Eu também gosto. Para gostar de ouvir histórias é preciso compreender a beleza do tempo, da atenção, da musicalidade das relações. Quando reli os artigos para escolher alguns, revisitei pedaços da minha vida e retalhos que foram compondo um bom agasalho para os dias frios. Todos nós passamos por dias frios. Mas há quem os amenize. A atenção. A prosa desinteressada. Sou dos que persistem, acreditando que o ser humano vale a pena. Que, embora as hipocrisias sempre apareçam, há muita gente verdadeira e generosa.

Escrevo algumas crônicas com lembranças de meus professores – sou grato a eles, muito grato. Crônicas de famílias, de calçadas, de viagens aos cantos e aos interiores das pessoas.

Termino o livro com uma "Carta a Elizabeth". Uma menina que poderia ser rainha se alguém tivesse cuidado dela. Espero contribuir para os meus irmãos de ofício com esses dizeres. Que não nos percamos nos desânimos ou nas burocracias. Somos líderes. E líderes veem além. E veem juntos. E caminham juntos, ensinando e aprendendo.

Sou grato aos meus alunos. Desde os primeiros com os quais convivi na escola pública em que lecionei até os que hoje me surpreendem com a curiosidade e o desejo de aprender.

Aos mestres, professores das salas de aula ou da vida, com todo o meu carinho. *Legal ter conhecido você, um amigo em que eu pude confiar.*

Gabriel Chalita

Uma carta de Maria

Recebi uma carta. Letra elegante. A remetente chama-se Maria. E, depois, vinha o sobrenome. Não posso dizer, pois não pedi sua autorização.

Maria é professora em uma cidade pequena do interior de Minas Gerais. Justificou o envio da carta, e não de um e-mail, porque gosta das esperas. Parei nesse ponto da leitura e fiquei lembrando quantas cartas eu escrevi e recebi. Como era bom, na minha pequena Cachoeira Paulista, ver o carteiro chegar. Lia uma, duas, três ou mais vezes a mesma carta. E não respondia com atropelos. Dormia com os ditos da carta. Refletia. E, no outro dia, tecia o enredo da resposta. Sem pressa.

Continuei lendo o relato de Maria. Partilhava comigo o prazer de lecionar. Leu alguns livros meus e queria testemunhar o que eles significaram no sagrado chão da escola. Contou-me do que é viver onde vive, lecionar onde leciona, morar onde mora. Falou das montanhas da sua Minas Gerais. Viajou pouco, mas por onde andou levou com ela o desejo de voltar. Nada é melhor do que estar onde se deve estar. Parei novamente e fiquei imaginando a sua volta para casa. Alguns dias de férias, algumas experiências em outros cantos e o canto da gratidão ao rever, na estrada, o nome da cidade em que nasceu. A sinalização dá conta de que falta pouco para beber da sagrada água. Água de bica. Pote de cerâmica que mantém o frescor da temperatura. Goles vagarosos para se sentir o prazer que um copo de água é capaz de proporcionar.

É professora há muito tempo. Já tem tempo para requerer a merecida aposentadoria. Mas prefere postergar. É bom estar com os alunos. Filhos de outros alunos. Talvez netos. O tempo e os seus caprichos.

Fiquei curioso para ver sua imagem. Imaginei, então. Nem muito alta nem muito baixa. Cabelos elegantemente arrumados. Maquiagem leve. Roupas adequadas. Salto alto não tão alto. Alguma joia delicada, herança de família. E a casa? Com pomar, com horta, com fogão a lenha. Talvez não. Poucos resistiram.

Continuo a leitura. Diz ela que ficou feliz quando eu disse, em uma entrevista, que meu pai nasceu em Belo Horizonte; é mineiro, portanto. Fiquei tentando imaginar o seu sotaque. Gosto do sotaque de Minas. Há vários. Gosto da musicalidade, da cadência, das junções de palavras.

Maria não falou de marido ou filhos. Será que é solteira? Será que é viúva? Será que revelará esses outros detalhes em uma outra carta? Em um ou outro trecho brincou com dizeres de outros escritores. Falou da poesia do cotidiano e dos sonhos que ainda movem seus afazeres. Prefere a leitura aos programas de televisão. Prefere os clássicos aos jornais ou revistas. Ouve música e imagina. Da música, disse apenas isso. Imagina o quê? Que tipo de música? Há excelentes cantores mineiros. Falou sobre sua mãe que, também, era professora. E sobre alguns outros assuntos.

Ao final, as despedidas.

Vou responder sua carta. A mão. Vou fazer algumas perguntas que a minha curiosidade exige. Gostei de Maria. A começar do nome. Depois da profissão. Depois da composição correta de seu arranjo. Quem sabe um dia eu a encontre? Ou não. Quem sabe? O que sei é que sua carta me trouxe uma certa nostalgia. Recuperei por algum tempo o valor das esperas. Não terei pressa em responder. Farei com vagar. Costurarei o manto com o qual gostaria de aquecê-la, nas terras onde meu pai nasceu.

Quantas cartas eu escrevi ao meu pai? Muitas. Tenho algumas comigo. Em cada viagem, eu aquecia a saudade escrevendo para ele. E para minha mãe. Isso não faz muito tempo.

O tempo, hoje, é outro.
Tempo bom o de lembrar.
Saudade do meu pai. Da minha mãe, ligo ou escrevo hoje ainda.
E Maria. Bom domingo, Maria.
Até breve.

Canção para minha mãe

Um compositor, em algum lugar, em algum tempo, filho de alguma mãe, recebe a incumbência de compor uma canção. Preocupado com o tema, "Canção para minha mãe", relê a sua alma. E o faz com vagar. Fecha os olhos e vai até o tempo das delicadas carícias. Das notícias boas ou ruins. Do alimento que fora gerado para nele gerar forças. Não quer cair na pieguice. Tem preocupações com os críticos. Não quer ser racional ao extremo. Tem preocupação com os que amam. Entretanto, é preciso compor. E o compositor sabe que, ao escolher palavras, outras serão descartadas, o mesmo se dá com o estilo, com o ritmo, com a vida.

Ler ou reler a alma não é um exercício que se esgota em tempo limitado. As letras ali gravadas são caprichosas. Só se deixam ler quando há clima para tal.

É outono. O frio já avisa da mudança da estação. Mas o sol, teimoso, fica. Mais leve que no verão. Mas fica. O compositor, que recebeu a inusitada encomenda, caminha de um lado a outro. Olha para o longe e ensaia algum sorriso. Foram dias lindos. É isso o que está escrito na alma. A lembrança da volta da escola e a visão da mãe que o esperava na porta da casa. E o sorriso festivo como se o visse pela primeira vez. E o abraço. E o prazer em alimentá-lo com todas as refeições possíveis. Ou impossíveis. Lembranças de algumas viagens. De alguns ditos. De dias de inverno em que a coberta era tão essencial quanto as histórias contadas para o sono chegar, sem solavancos. Em dias quentes, até água do esguicho trazia o sabor da infância.

Tiveram cachorros. Choraram com as suas partidas. Partiram de casa mais de uma vez. Fecharam a porta com alguma melancolia, mas olhavam para frente, pois estavam juntos. Compraram carros, roupas, objetos. Não se lembra muito bem o compositor desses detalhes. Lembra-se, entretanto, de outros. De medos que foram vencidos com a simples chegada da mãe. Foi assim em um coral em uma formatura, foi assim em um dia de dizer poemas, foi assim em uma sala de hospital antes de uma cirurgia.

Não sabe o compositor se o enredo deve ser triste ou feliz. Encontra nas letras gravadas na alma argumentos para ambas as escolhas. O dia em que sua mãe se foi não foi um dia feliz. Lembra-se dele. Das despedidas. Dos dias de doença. Morreu ela em uma primavera. A morte é a primavera da alma, acredita ele. A mãe o vê enquanto ele compõe. Ou enquanto pensa na composição. Olha algum retrato. Em algum canto. Seu canto precisa expressar o que sente. Acredita nisso. Na autenticidade do que deixa. Do que sabe ser capaz de interferir na vida das pessoas.

Canta algo para si mesmo. A letra o vem escolhendo. Sai de sua alma e vai ao seu encontro. Chora algum choro. Gostaria que a mãe estivesse ali. Pensa se disse tudo o que deveria ter dito antes de ela partir. Lembra-se do que faltou. Faltou ela permanecer por mais tempo, certamente. Não tem filhos ainda. Seus filhos são suas canções. Há um prestes a nascer. Pensa no seu nascimento. Na coragem de sua mãe em ser mãe. O leite do amor ainda o nutre. O seio já se foi, mas a lembrança não.

Senta-se, conversa com os papéis e põe-se a escrever. As palavras vão escolhendo onde querem ficar. É uma homenagem. Crianças haverão de cantar. E também os adultos. Ao lado da letra, as cifras. O ânimo é o do amor.

Viveu uma vida intensa, encontrou pessoas e, por elas, foi encontrado, mas o amor que primeiro o embalou jamais foi esquecido. O colo leve dos restabelecimentos. As mãos, antes jovens depois envelhecidas, que separavam algo em seu cabelo. Os beijos tantos que desejavam bons-dias. O último, antes da despedida, quando a palavra saiu de uma alma a outra, a boca já não tinha como dizer.

Termina o trabalho.

A canção não é triste. Definitivamente, não é triste.

Ao final, escreve uma dedicatória:

Mãe, na partitura da minha vida, a letra mais iluminada é a sua. Canto a canção da saudade e da gratidão. A canção do amor. O amor que permitiu que eu nele acreditasse. Ele, o amor, vestiu-se de mulher e gerou em mim o que há de mais lindo. O que fica. Entre poeiras e desnecessidades, entre estranhas relações que já conseguiram me adoecer, o seu amor, mãe, é o que fica.

O tempo e o tempo

Estava sentando em um parque, lendo, aguardando uma amiga. Uma criança veio correndo em direção à mãe, chorando. Mostrou-lhe o dedo. Ferido por um espinho, talvez. Foi pegar alguma coisa e pegou o espinho. Sangrava o dedo do menino. A mãe o abraçou. Pegou um guardanapo de papel e limpou o sangue. Doeu. O menino reclamou. O sangue ainda jorrava. Vagarosamente, mas jorrava. Não houve corte profundo. O dedo não correria riscos. Mas o menino chorava. E a mãe o acolhia. Estancado o sangue e o choro, a mãe disse que era melhor fazer um pequeno curativo. E que logo ficaria bom.

"Logo, quando?" – perguntou o menino.
"Logo mais" – disse a mãe.
"Logo mais que horas?".
"Calma filho, não foi nada".

A criança parecia impaciente. Queria saber o tempo da cicatrização. Queria brincar. Queria ficar livre dos troços que a mãe colocara no dedo para evitar que o sangue voltasse a escorrer.

"Se eu ficar bonzinho, melhora mais rápido?".

A pergunta parecia ser uma promessa, uma disposição para antecipar as coisas. A mãe respondeu sorrindo:

"Você é bonzinho, mas, para fazer uma pele nova no seu dedo, é preciso um tempo, meu filho, não há como acelerar isso."

"E por quê?"

"Por quê? Como por quê?"

"Quem é que inventou que precisa de um tempo para melhorar meu dedo?"

A mãe viajou com o pensamento. Pude ver nitidamente isso no seu sorriso sem maquiagem. Ficou pensando. Sorriu novamente. E abraçou o filho que ainda aguardava uma resposta.

Como seria bom se dominássemos o tempo. O tempo nos ensina que é o tempo que domina o que quer. Machucados no dedo ou cicatrização na alma. Quedas na rua ou ruas de solidão construídas por escolhas erradas.

Há um tempo, o qual chamamos tempo da inocência, em que é difícil entender o tempo. Mas, depois, vem um outro tempo. E, confesso, continua difícil. Dizem que os orientais entendem o tempo melhor do que os ocidentais. Não tenho tanta certeza, mas acredito que sim. Pelos livros que li. Pelas teorias construídas por seus filósofos. Pelos filmes que têm uma outra relação tempo e movimento.

Era um dia de sol aquele no parque. Ao longe, vi minha amiga caminhando lentamente. Ela tem muito tempo de vida. E o aprendizado de que é melhor tomar cuidado, porque o tempo da cicatrização de alguma quebradura, de alguma queda, pode lhe roubar bons momentos de prazer. Como o de encontrar um amigo no parque e conversar sobre o tempo.

Contei a ela o diálogo entre a mãe e o filho. E ela me respondeu: "Alimento-me desses cotidianos, gosto das gentes". E prosseguiu: "Gasto tanto tempo com essas incursões que não me sobra tempo para envelhecer".

Fiz a ela a pergunta da criança: "Quem inventou o tempo do ferir e o tempo da cicatrização?".

Ela pediu que eu lhe desse um tempo para responder. Vivia ela o tempo das aprendizagens. Naquela idade.

Foi quando vimos a mãe e o filho indo embora. De mãos dadas. Ela olhando para a frente e sorrindo. Estava, decididamente, feliz. Ele resmungando alguma coisa com o seu dedo. Desejei dar um abraço nos dois.

Olhei para minha amiga e prossegui ouvindo suas histórias. Prepara ela um novo livro. Sobre o tempo.

Ao mestre, com respeito

Respeito é uma palavra de origem latina, *respectus*, que significa "olhar outra vez". Ou seja, algo que seja digno de um segundo olhar merece respeito. Merece consideração, apreço, deferência.

Quem é o mestre? É aquele que professa a crença na pessoa humana e torna-se gerenciador de seus sonhos. É aquele que abre as janelas das possibilidades. É aquele que, ao problematizar, ao instigar, ajuda o aluno a colocar para fora o que tem de melhor.

Nas salas de aula, nos pátios, nas esquinas, onde os encontros acontecem, o mestre dialoga, problematiza, com a paciência e a perspicácia de quem lapida diamantes. E pessoas valem mais do que diamantes.

No dia 15 de outubro, celebramos o dia do professor. O dia do mestre. Falar que um país só será verdadeiramente justo, se não desperdiçar os seus talentos, se não deixar nenhuma criança para trás, parece óbvio. Falar que é a educação a política pública que tem o poder de fazer protagonistas, de formar o caráter, de preparar para a vida e para o mercado de trabalho, parece óbvio. Falar que o professor é a alma da educação, porque mais do que de aparatos tecnológicos (que são importantíssimos), os alunos precisam de alma, de cumplicidade, também parece óbvio. Se tudo é tão óbvio, onde está o problema? Na falta de ação.

Comecemos respeitando os professores. "Olhemos outra vez" para aqueles que, no dia a dia, fazem o milagre da aprendizagem acontecer. Olhemos para sua formação continuada, para seu salário, para sua condição de trabalho.

Sou professor por convicção, por paixão, por crença na pessoa humana. É nas salas de aula que me realizo. Local sagrado em que aprendo e ensino. Em que partilho vidas e conteúdos, em que construo significados. Aos meus irmãos de ofício, todo o meu respeito. Ensinemos com amor, lutando pelos nossos direitos, mas sem dessacralizar o significado das nossas ações na relação com aqueles que temos a honra de educar.

Quem somos nós?

Alguns professores tiravam foto comigo, quando uma criança me olhou nos olhos e perguntou: "Quem é você?". "Meu nome é Gabriel, sou professor", respondi. E a criança prosseguiu: "Mas quem é você?". "Eu cuido da educação, cuido de você." "Cuida de mim?! Ah, bom!", foi a resposta que a acalentou.

Quem somos nós? Cuidadores de outras pessoas? Seres capazes do caminhar coletivo, do pensar coletivo? Feitos da matéria-prima do encontro? Do amor que emancipa, que eleva, que faz brotar o riso bom da felicidade? Certamente que sim. Mas também somos capazes de outras atitudes. Menos nobres. Menos humanas. Fotografias de um mundo em desconstrução circulam por aí. Imagens reais de abandono, de perversidade, de egoísmo. Quem somos nós? Operários de que causa? Obreiros e poetas da esperança, sim, porque o fazer e o sonhar se encontram no amálgama propício das edificações. Mas também somos o oposto. Nossas misturas, por vezes, são explosivas. Corroemos os outros e nós mesmos com atitudes impensáveis para quem tem a virtude do pensamento. Ausências de reflexão sobre "quem somos" são presságios de derrota. O vitorioso não é aquele que tem mais, mas aquele que sabe mais sobre quem é. Conhecermos a nós mesmos é um dos impulsos vitais da filosofia. Sócrates, o pensador grego, instigava os seus interlocutores a irem além das aparências, a permitirem o nascimento das próprias ideias. Ideias, ideais. Alicerçava sua filosofia no autoconhecimento, na nossa relação com o mundo e com os outros. Como dita a máxima de Delfos: "Conhece-te a ti mesmo". Mas quem somos nós?

Aquela criança insistiu. Não ficou satisfeita com o meu nome nem com a minha profissão. Queria mais. Queria entender a intenção da minha vida. Meu nome não foi escolha minha. Minha profissão, sim. "Mas para que serve tudo isso?", indagou ele sem receios. "Para cuidar de você." "Então, prossiga. Continue a fazer o que deve ser feito." Autorizou-me ele com seus olhos de amanhã.

Os olhos de Ana

Ana é do interior do Ceará. Ouvi sua história na viagem que fiz com Laércio que me levou de Fortaleza até Itapipoca. Belo povo o de Itapipoca. Bebi a água da esperança naquele chão encantado. Milhares de professores professando a crença nas consequências do que fazem. Educar com olhos de ver. Nenhum aluno pode passar despercebido. Nenhum aluno pode ser deixado de lado. A cada um deve ser dado o poder de ser o condutor da própria história.

Histórias são composições do cotidiano. Entoamos cantos diversos nos cantos que frequentamos. Ana frequentou uma escola como tantas outras crianças, mesmo naquele tempo em que a maior parte estava fora.

Era uma menina que não conseguia ser alfabetizada. Não por falta de esforço. Ia sempre. Sem falta. Mesmo em dias de humilhação. E esses dias não eram poucos.

Um dia, alguns meninos que se achavam no direito de brincar fazendo do outro um brinquedo empurraram Ana de um barranco. Ela rolou por alguns metros e parou em um pé de espinhos. E se feriu. No corpo e nos afetos. Ferida, teve tempo de algum choro e de se levantar para ir à escola. Não perderia aula. Mesmo sangrando. A professora era nova. Olhou-a com preocupação. Como deve ocorrer com todos os alunos, sangrando ou não. Olhou-a e quis entender. Balbuciou Ana alguma coisa para justificar o injustificável. Ela não conseguia ler, e isso dava a eles o direito da chacota. A professora acolheu sua dor e olhou-a com respeito.

E percebeu que Ana não havia sido alfabetizada por uma simples razão, ela não enxergava. Providenciou uma consulta. Ana tinha 13 graus de miopia. E nem ela e nem os seus familiares sabiam disso. Desde menina, ela via desse jeito. Desde menina, ela não via.

Os óculos abriram o futuro para aquela menina. Guimarães Rosa deve ter ouvido histórias semelhantes para criar Miguilim. O menino que tem sua vida mudada quando chega o doutor e lhe coloca óculos. Metáfora do que precisa ser visto, das cicatrizes que vêm depois que o sangue deixa de jorrar. Da vida dura do sertão ou até do mar. Onde há gente, há gente que olha e gente que finge não ver, e há gente que tenta destruir.

Conta Rosa que "Miguilim olhou para todos, com tanta força. Saiu lá fora. Olhou os matos escuros de cima do morro, aqui a casa, a cerca de feijão-bravo e são-caetano; o céu, o curral, o quintal; os olhos redondos e os vidros altos da manhã. Olhou mais longe, o gado pastando perto do brejo, florido de são-josés, como um algodão. O verde dos buritis na primeira vereda. O Mutum era bonito! Agora ele sabia".

Assim foi com Ana. Ana viu as letras, viu os números, os olhos de seus irmãos. Seus irmãos. Fez-se irmã. Pelos olhos atentos e acolhedores de sua professora.

Ana estudou muito. Virou professora, também. Depois, diretora. É freira. Irmã Ana faz da sua vida um serviço aos seus irmãos. Repete, na sua vida, o que aquela professora lhe fez. Olhou os seus olhos e viu que eles precisavam ver. E um mundo novo se abriu. Gosto dessas histórias e gosto de reproduzi-las. São inspiradoras. Nos livros e na vida. Vida longa é essa. Ou não. Mas o mesmo Guimarães nos ensinava que o que importa não é a chegada ou a partida, é a travessia.

Atravessemos como Irmã Ana. Se cairmos em espinhos empurrados por desavisados, levantemos. Há de haver uma professora em nossa vida que nos olhe nos olhos e que nos ajude a ver. A ver o que estava embaçado. A ver a travessia que se ressignifica quando somos cuidados ou quando cuidamos de alguém. Belos olhos os da professora. Belos olhos os de Irmã Ana.

Solo sagrado

Ouvi esta história de uma secretária de educação. Numa cidade do interior deste imenso país, crianças esperavam, com ansiedade, a inauguração de uma escola. Estudavam elas em espaços improvisados. Sem nenhum conforto nem estrutura. Mas estudavam. Ao lado, o novo prédio ia se erguendo. O tempo parecia não passar, mas, enfim, chegara o dia da inauguração. Festa da comunidade. A escola é um centro de luz que irradia saberes e futuros. Que prepara para a vida. Que edifica os alicerces de um mundo em construção. Famílias estavam presentes. Educadores entusiasmados.

Algumas semanas depois, a secretária foi visitar a escola. Quando estava chegando, viu a cena que a comoveu. Um menino simples, que viera caminhando em ruas de terra, tirou um pano da bolsa surrada que trazia algum material e limpou a sola dos chinelos antes de pisar no solo sagrado da escola. Não reparou que estava sendo observado. Fez isso por convicção. A secretária o abordou querendo saber onde ele aprendera aquilo. Ele, pleno de simplicidade, explicou que, naquele espaço, ele se preparava para crescer, para ser um homem de verdade, para dar orgulho aos seus pais que nunca puderam estudar e para cuidar deles, retribuindo todo o esforço que fizeram e ainda faziam por ele.

Ela me contou essa história com lágrimas nos olhos, dizendo que nos surpreendemos, todos os dias, com o que aprendemos com nossos alunos. Na simplicidade de um menino que reconhece o esforço dos pais e que se alimenta dos sonhos de amanhãs, preenchemo-nos de responsabilidades cientes de nosso poder de fazer a diferença na educação. Ter olhos de ver o que, de fato, acontece ao nosso redor, no solo sagrado de cada escola, na transformação cotidiana que somos capazes de realizar, na decisão inegociável de jamais desistir de nenhum aluno. É assim que educamos. É assim que renovamos nossos votos de que ser professor é professar a crença de que cada pessoa humana merece a oportunidade de ser feliz.

Uma flor no impossível chão

A professora conversava com os alunos sobre a canção "Sonho impossível". Relacionava-a com *Dom Quixote*, livro que haviam lido. Explicava a importância do romance e a riqueza das personagens. A literatura tem uma magia própria. Os dizeres dos sentimentos penetram na parte sublime do cérebro. A razão se fia no elevado. Viajam os alunos para outros tempos, outros espaços. Para os possíveis e os impossíveis. Era impossível o Cavaleiro Andante lutar com moinhos de ventos. Por que, então, Cervantes assim o descreve? Qual era o seu intento, o seu sonho? *Sonhar mais um sonho impossível. Lutar quando é fácil ceder.* Perguntava aos alunos e ouvia as mais diversas explicações. O que significa "Negar quando a regra é vender"?

A professora os instigava. E voltava a *Dom Quixote*. E falava em Dulcineia, a amada. Só ele via sua beleza, só ele anunciava suas formas perfeitas. Ele a fazia sentir-se única, amada, desejada. O amor não é assim, afinal? O que é um homem se metamorfoseando em cavaleiro para dançar a dança dos românticos com sua dama? A perfeição está nos olhos de quem vê. O amor dá unicidade às pessoas e aos momentos. Faz o impossível ser possível por mais impossível que pareça ser.

Falaram sobre o cotidiano. Um contou a história dos pais. Dos desencontros e das persistências. Um romance, uma canção e todos os sonhos do mundo em uma sala de aula. E uma mulher, uma professora, regendo a orquestra dos enlaces. Mostrando o mundo de possibilidades que mora em cada um deles. Um aluno, então, proclamou: *E o mundo vai ver uma flor brotar do impossível chão*. Ela quis saber o significado. Ele disse "Eu sou o impossível chão". Ela ouviu atenta. Relatos de dor precisam de cumplicidade.

Uma flor brotou naquela sala. A flor do conhecimento e do sabor. Jovens desabrochando para a vida. Quantas batalhas terão de enfrentar! *Quantas guerras terão de vencer por um pouco de paz!*

Aprendi com aquela professora. Agradeci por ser, também, professor. Irmãos de ofício.

Lágrimas milagrosas

Dou palestras por todo o Brasil. Sinto muito prazer em conversar com professores. Já estive várias vezes na Região Norte e Nordeste de nosso país. Há pouco tempo, estive em Recife, Fortaleza, Juazeiro do Norte, Macapá e Belém do Pará. Fiquei emocionado com o carinho dos professores e dos alunos. Aprendi muito. E ouvi muitas histórias. Quando estou com professores, alimento-me de vida, de vida generosa.

Depois da palestra em Juazeiro do Norte, fui visitar a estátua do Padre Cícero e a Igreja onde ele está enterrado. Lá conheci Cícero. Nascido em Palmeira dos Índios, Alagoas, Cícero vive, hoje, em Juazeiro. E gosta das rezas, disse-me ele, sorrindo. E gosta de velório. Não perde um. Acha que deveria haver uma lei que obrigasse as pessoas a ir a velórios. Contou-me que é "sentinela de velório", eu não sabia o que isso significava. Cantou-me algumas músicas populares, tristes. Uma para cada ocasião. Quando morre o pai, é um tipo de música; quando morre a mãe, é outro. "Quando morre o filho, é dor doída demais", confidenciou-me Cícero. Disse-me que seus irmãos não gostam dele. Que o acham atormentado. Mas que ele não se importa. Que é feliz assim. Cantando. Rezando. Chorando. Lembrou-me *Morte e Vida Severina*, de João Cabral. A singeleza das ladainhas e a riqueza da crença popular.

Contou-me ainda que chorava sempre, pois todo velório é triste. Mas revelou: "o velório mais triste da minha vida foi o que eu não fui: o de minha mãe". Seus irmãos não o avisaram. E, até hoje, ele sente essa dor. Sua mãe foi o que de melhor ele teve na vida. E se tivesse oportunidade de chorar, de chorar lágrimas milagrosas, ele choraria sem parar para trazê-la de volta. Deu-me um abraço forte e chorou.

A missa começou e eu fiquei olhando seus gestos de fé. E de outros que ali estavam trazendo suas dores, suas lágrimas e seus sonhos. Eu também rezei e pedi a Deus o dom da simplicidade. Em um mundo tão cheio de irracionalidades, é bom conhecer alguns Cíceros e aprender com eles.

Sonhar é preciso

O educador Paulo Freire, em seu exílio no Chile, em 1964, escreveu: Cheguei ao Chile de corpo inteiro. Paixão, saudade, tristeza, esperança, desejo, sonhos rasgados, mas não desfeitos, [...] vontade de viver e de amar. Esperança, sobretudo.

Freire tinha o sonho de uma educação para a libertação dos oprimidos, que tornasse a realidade mais humana e permitisse aos homens que fossem protagonistas de sua própria história. Visto como subversivo pelo regime militar, foi preso e forçado a deixar o país. Lutou a vida toda pela causa da educação, mesmo quando as circunstâncias tentaram lhe roubar o sonho. Sonho rasgado, mas não desfeito.

Inspira-nos saber de tantos grandes homens que escolheram não desistir jamais de seus sonhos. Buscaram, alcançaram e nos presentearam com suas obras. Muitos deles foram desestimulados no meio do caminho. Mas persistiram. O poeta Drummond chegou a ser expulso da escola por "insubordinação mental". Villa Lobos estudava piano escondido da mãe, que tencionava vê-lo médico e não músico, até que ele decidiu fugir em busca da arte musical. Monteiro Lobato, leitor contumaz desde menino, foi reprovado no exame de língua portuguesa, quando tentava a admissão no Instituto de Ciências e Letras. Homens que sonharam. Homens que fizeram suas escolhas. Homens que não se abandonaram frente aos desestímulos. Surpreendentemente, alguns vindos da escola.

A mesma escola que ilumina e desenvolve o pensamento, despertando no outro o prazer do conhecimento, é capaz, muitas vezes, de desencorajar a semeadura dos sonhos de seus alunos. Faz mal. Não pode ser incauto o olhar da escola e do professor sobre seu aluno. Professores são gerenciadores dos sonhos das crianças que passam por suas mãos. Precisam tocar, envolver, mover a alma de jovens ávidos por um futuro ainda em gestação. A semente do pensamento é o sonho. Os educadores, antes de serem especialistas em ferramentas do saber, deveriam ser especialistas em amor: intérpretes de sonhos – ensinam as palavras do sonhador Rubem Alves.

Sonhar é inerente à essência humana. É a mola que impulsiona o homem à experiência da vida. Não vive aquele que não tem um sonho. E torna-se inacabado o homem que não o persegue, pois realizá-lo é condição de uma vida plena e feliz.

O menino da porteira

Histórias da nossa infância ajudam a compor o que somos. Revisitar o passado é abrir as portas de emoções que permaneceram e tentar compreendê-las. Tentar, porque as emoções são tinhosas, arredias até. Controlar as emoções é tarefa quase impossível. Talvez consigamos conviver com elas e decidir o que fazer depois que elas vêm. Mas impedi-las de vir, não sei se temos esse poder. O medo, a tristeza, a euforia, a paixão, a raiva, a alegria, esses e outros convivas do nosso sentir vêm. O depois depende da nossa razão, das nossas escolhas, da nossa maturidade. Sentir raiva independe de mim. Não permitir que a raiva faça com que eu destrua o outro depende de mim. Sentir medo não depende de mim. Permitir que o medo me paralise depende. A paixão surge como surge a capacidade de refletir sobre o outro, sobre o amanhã com o outro que agora me toma.

Somos assim, frágeis e, ao mesmo tempo, detentores de algum poder que nos leva a não nos deixar dominar por uma parte do que somos. Se não podemos negar nossas emoções, talvez o melhor a fazer seja conviver com elas. Aproveitarmo-nos delas para construir relações saudáveis e abandonar as doentias.

Eu era menino ainda quando fui assistir ao filme *O menino da porteira*. Morávamos em Cachoeira Paulista, interior de São Paulo, e lá não havia cinema. Tínhamos uma casa em Caraguatatuba. Íamos nas férias. Era uma casa simples que tinha apenas um quarto grande, uma cozinha, uma varanda e dois banheiros. Dormíamos todos juntos. Meus pais, eu, meus três irmãos e a Rosa, uma mulher que ajudou a nos criar. Algumas vezes, iam também meus avós e tia Leila. Não sei como cabia todo mundo. Sei que era uma festa, desde os preparos para pegar a estrada até a chegada à praia. Minha mãe passava a noite cozinhando. Levávamos comida à praia. Eu nem dormia na véspera da viagem. Empolgação de criança. A casa ficava na rua do cinema. E foi a primeira vez que fui assistir a um filme.

Assisti a *O menino da porteira*, um dos maiores sucessos da bilheteria da época. Um filme baseado em uma canção. Uma linda canção de Tedy Vieira:

Toda vez que eu viajava pela estrada de ouro fino
De longe eu avistava a figura de um menino
Que corria abrir a porteira depois vinha me pedindo
"toque o berrante seu moço que é pra eu ficar ouvindo
Quando a boiada passava e a poeira ia baixando
Eu jogava uma moeda e ele saía pulando

"obrigado boiadeiro que Deus vá lhe acompanhando"
Pra aquele sertão afora meu berrante ia tocando (....)

Olhos fitos na tela, vivi profundas emoções. A beleza da tela grande. Do som. Das personagens. Da canção. Da história daquele boiadeiro. Tudo aquilo foi tomando conta de mim. Até o final do filme. Voltei para casa triste. Chorei. Fiquei deitado pensando nas despedidas. Não me lembro muito bem dos detalhes do que pensei, lembro que fiquei triste. E resolvi ir novamente ao cinema no dia seguinte e no outro e também no outro. Fui ver seguidas vezes o mesmo filme. E voltava chorando. Era um menino, já disse.

Quando minha mãe quis entender por que eu ia todos os dias, uma vez que todos os dias eu voltava chorando, respondi algo de que me lembro bem: "Será que sempre o menino morre no final"? Minha mãe ainda se lembra dessa história. E de tentar me explicar que era apenas um filme. E que os filmes tinham sempre o mesmo final, independentemente da nossa vontade. A canção que inspirou o filme determinou este desfecho:

Na minha viagem de volta, qualquer coisa eu cismei
Vendo a porteira fechada o menino não avistei
Apeei do meu cavalo num ranchinho à beira chão
Vi uma mulher chorando quis saber qual é a razão
"boiadeiro veio tarde, veja a cruz no estradão
Quem matou o meu filhinho foi um boi sem coração"

Revisitando esses tempos de inocência, penso em quanto é importante para as crianças os cenários imaginativos das várias linguagens da arte. O cinema, a contação de histórias, as conversas, o território sagrado do brincar e do conviver. Os espinhos todos, nós encontramos e encontraremos na vida. Eles nos causam emoções doídas. Mas, se tivermos a oportunidade de uma educação que nos ajude a compreender nossa trajetória e nos ajude a sermos dela protagonistas, essas dores nos farão mais bem do que mal. Conhecermos o sofrimento nos ajuda a compreender o sofrimento dos outros e a termos compaixão. Vez ou outra, lembro as dores que já me incomodaram. Irmãos meus que morreram. Meu pai. Amigos que se foram. Dores da injustiça – como doem as injustiças! E me lembro desse filme e daquele menino que eu gostaria que tivesse sobrevivido àquela boiada. A homenagem do boiadeiro ao amigo que partiu, prematuramente, foi o respeito em não mais tocar o berrante naquelas bandas:

A cruzinha no estradão do pensamento não sai
Eu já fiz um juramento que não esqueço jamais
Nem que o meu gado estoure que eu precise ir atrás
Neste pedaço de chão berrante eu não toco mais

A homenagem que tento fazer aos sofrimentos que vivi é tentar compreender os sofrimentos do outro e ajudar o outro a prosseguir. Em outras palavras, é combater, a todo custo, a indiferença. Sou profundamente grato à família que tive e tenho. Aos amigos que fui acumulando. Aos que me estenderam a mão e compreenderam minhas imperfeições. E assim tento agir com os outros que encontro por aí e que de mim precisam. Que as nossas emoções infantis, as ingênuas, as puras, as dolorosas e as alegres nos ajudem a ressignificar nossa vida. O hoje se alimenta do ontem e nos ajuda a escrever o amanhã.

Os filhos do meu filho

"Trabalho nesta escola desde menina. Já poderia me aposentar, mas quero continuar aqui, ver de perto os filhos do meu filho." Foi assim o início da conversa com uma mulher de vassoura na mão e muita disposição para o cuidar. Ela nunca estudou. O filho fez até o ensino médio. Casou cedo. Cedo, deixou a mulher para viver com outra. Cedo, fez-se ausente com os filhos. Cedo, partiu em uma briga cujo motivo não me disse, pois as lágrimas não permitiram. Com a voz embargada, ela optou pelo silêncio.

Mas, depois, prosseguiu: "O que foi, foi. Não há como refazer o passado". Cuida agora dos três netos que estudam na escola e vivem com ela, que é viúva. A mãe dos meninos arrumou outro e se mudou. "São maravilhosos os meus netos, mas gosto de cuidar de perto, o mundo está muito hostil, muito hostil", insistiu.

Eu quis conhecê-los. Dois gêmeos e mais um com diferença de um ano, apenas. Adolescentes. Cheios de possibilidades. Educados, cumprimentaram-me e pediram uma foto. Disseram-me rapidamente os seus sonhos. Os gêmeos querem ser médicos. "Vão cuidar de mim", disse ela sorrindo. E o outro neto quer ser juiz de direito. "Quer corrigir as injustiças", explicou-me a falante avó. O carinho daquela mulher com seus netos era enternecedor. Sabe o significado do descuido. Sente-se um pouco responsável pelos erros do filho. Com os netos não quer errar. Não dá para saber tudo num encontro apenas. Pareceu-me que ali o plantio está correto. Plantios corretos florescem paisagens corretas, belas, encantadas. Dois médicos e um juiz – sonham eles. Sonha aquela senhora que não quer se aposentar.

Funcionários da limpeza, da cozinha, da secretaria, também educam. Também plantam. Também preenchem espaços de aconchego. Aconchego, é disso que precisam os que se preparam para assumir o comando. Escolas são espaços de preparação. "Volte sempre, professor, a casa é sua." Foi assim que nos despedimos. Foi assim que ela permaneceu.

Vou com ela

Era uma vez uma senhora muito solitária. Vivia em uma grande cidade, São Paulo, sozinha. Já havia criado a filha. Já havia ficado viúva. Já havia resolvido ser um pouco mais reservada. Resolveu ou aconteceu. No prédio em que morava, sentia-se bem tratada, respeitada, mas, como ninguém tem tempo, não cobrava visitas nem visitava as pessoas.

Certa vez, essa senhora ia andando pelo bairro, quando viu uma cadelinha atropelada. Cadelinha de rua. Não havia ninguém para com ela se preocupar. Ouviu os gritos contínuos e resolveu socorrê-la. Levou-a ao veterinário. Cuidou dela. E ali nasceu sua última história de amor. Passeavam juntas. Preocupavam-se uma com a outra. Isso mesmo.

Um dia, a cadelinha latiu tanto que fez com que o porteiro fosse ao apartamento e abrisse a porta. A mulher estava desmaiada. Caiu. Bateu a cabeça. Socorrida a tempo, foi salva. A cachorrinha passou dias de solidão. Emagreceu. Adoeceu, esperando a amiga. Ela voltou e os dias bons voltaram. Mas as histórias têm fim. Tempos depois, a doença veio decidida. E, com ela, a morte. E a morte levou a mulher. E a cachorrinha? Não ficou abandonada. A filha da mulher decidiu cuidar dela. Levou-a para casa depois do enterro. E depois? A história ainda não acabou. Mas vai acabar. A cachorra sofreu dois dias. Não comeu. Ficou em um canto da casa e, sem avisos, morreu. A filha da mulher que havia cuidado da cachorra não entendeu nada. Chorou mais uma vez. Pelos sentimentos da cachorrinha de rua por sua mãe. Pelas suas ausências na vida da mãe. Falou sozinha, algumas vezes, querendo entender como pode um animal nos amar tanto. A história acaba aqui.

Fiquei pensando na cachorra conversando com a morte. Primeiramente, reprovando o que ela fizera. Levar sua amiga. Depois, sua decisão: "Vou com ela". Mistérios do que não sabemos. Sabemos é que cachorros têm sentimentos.

Entre jovens

Fui dar uma palestra para jovens universitários. Entre tantas. Entre tantos jovens, reanimei minhas esperanças. Não que seja adepto do pessimismo, do derrotismo, das mágoas acumuladas por decepções com a conduta humana. Mas, vez ou outra, há cansaço. Há tantos desacertos que algumas manhãs parecem padecer de força suficiente para alimentar o dia que virá.

Era uma manhã. O tema da palestra, "A ética na construção do conhecimento". Logo na chegada, os olhares já apontavam para bons momentos. Jovens apinhados em todos os cantos. Nas cadeiras, no chão, nos espaços próximos ao palco. Tão próximos estavam eles naquela manhã. Agradeci a receptividade e comecei a prosa. Amparei-me em alguns pensadores, filósofos que se debruçaram sobre o tema. Fizemos uma viagem a tempos e espaços diferentes. Há inquietações que fizeram com que produzissem belas teorias sobre o conviver humano, sobre a conduta necessária para a conquista da harmonia.

Chegamos aos tempos de hoje. A amplitude da temática não se esgota em algumas horas. A ética é pauta para qualquer assunto da conduta humana. A ética é alicerce para construções sólidas. É inspiração e é hábito. É o caminho para o bem comum. Na política, nas relações empresariais, nas religiões, nas profissões, no professar crenças de tempos de respeito e encantamento. Ou se é encantado pelo estar no mundo ou dificilmente se buscará compreender as diferenças e a beleza em suas relações. É por isso que o belo e o bom são convivas de um mesmo banquete.

Na atenção e nos olhares dos jovens, nascia a minha oração de gratidão. Era bom estar ali. Era bom saber-me educador. Ofício da generosidade. O professor dá um pouco de si e um pouco do que sabe a cada encontro com os seus aprendizes. Dá e nada lhe falta. Dá e a ele se acrescem novos horizontes.

Lembrei-me do Papa João Paulo II quando, no encontro com os jovens na capital mineira, usou o nome da cidade para expressar o seu contentamento com a multidão que ali estava: "que Belo Horizonte". Que belo horizonte era aquela visão. Jovens. Sequiosos de vida. De futuro. Alistados no batalhão da esperança.

Terminei a palestra e vieram as perguntas. Profundas. Complexas. Sinceras. E as respostas que geravam outras perguntas. E o tempo foi insuficiente. E prosseguimos desobedientes. Era bom estar ali. Era bom beber nas águas ainda puras de tantas promessas de amanhãs.

Acabado o encontro, encontramos tempo para conversar durante a travessia até os portões da universidade. O diretor dizia que era preciso me liberar, que eu tinha uma agenda repleta. Repleto estava eu pela curiosidade daqueles moços. Linda a "Oração aos moços" de Rui Barbosa. Atravessamos juntos aqueles pátios entreolhando as nossas histórias com o desejo de melhorar as coisas, com o ânimo de animar o país, com a responsabilidade de quem sabe que a ética é coletiva e individual. É decisão de um grupo e de um indivíduo. Não quero entrar na distinção entre moral e ética. Quero apenas aplaudir os jovens. E agradecer.

Não tenho a ingenuidade de julgar que está tudo bem. Não. Definitivamente, vivemos uma crise aguda. Política. Comportamental. De valores. Mas, em outros tempos e em outros espaços, a humanidade já enfrentou esses amargores. E, docemente, prosseguiu. Flores brotaram em áridos caminhos, águas nasceram em regiões desérticas, pássaros rasgaram céus desabitados. Jovens compuseram canções, quando o silêncio forçado nos forçava a viver a ditadura.

Liberdade era o vento que soprava quando nos despedimos naquela manhã.

Ainda hoje vivo o restante daquele dia.

Pedaço de mim

Um filho morreu e uma mãe chora a necessária dor. Sim, necessária. Não há o que dizer para essa mulher que seja capaz de aliviar o susto, a ausência, a dor lancinante que a toma desprevenida. O filho estava bem. Foi viajar, apenas. Foi e não voltou. Um descuido. Quem sabe? Um caminhão encerrou um destino. Ouvi o relato da mãe. O doloroso relato. Fui até ela. Abracei-a sem pressa. Disse pouco. Ouvi mais. Ela falou sobre a minha mãe que também perdeu filhos. Dois. Dois irmãos meus morreram na juventude. Ouvi. Não achei que era momento de falar sobre as minhas perdas ou sobre as cicatrizes que há em mim desenhando a saudade dos meus irmãos. O momento de dor era dela. Lembrei-me da canção de Chico Buarque de Holanda. "Saudade é arrumar o quarto do filho que já morreu."

Disse-me a mãe que não conseguiria arrumar o quarto do filho. Seria demais. Remexer em bilhetes que estariam ali. Em documentos. Em pertences que dão vida a um quarto. Em roupas que lembrarão momentos. Festas que não voltarão a acontecer. Abraços que se ausentarão. O filho morreu. A dor não. Ela vive e quem sabe o dia que ela deixará de ocupar aquele cômodo? A mulher tem fé. Disse que sabe que o filho não acabou. O filho vive no Amor, agora. Mas o beijo acabou. O encontro acabou. A rotina tão boa acabou. Prossegue com sua indignação justa. "Não é certo", diz ela. "É a inversão da lógica da vida. Os filhos enterram os pais e não o contrário. Eu não estava preparada para isso." Que mãe está preparada para perder o filho? Mas não importa. O que importa é permanecer ali. Dizendo pouco, apenas o necessário para fazer nascer alguma esperança. Haverá outros amanheceres, certamente. O tempo haverá de conversar seriamente com a dor e solicitar a ela que não preencha todas as lacunas da alma. Que parta aos poucos sem partir o que fica. É preciso respirar. De hoje, essa mãe não tem condições de avistar o amanhã. Mas ele virá. Falou novamente da minha mãe. Quis saber como ela se recuperou. Eu disse sobre o milagre da transformação da dor em saudade. E lembrei-me novamente da canção. Da força da imagem da mãe que arruma o quarto do filho que já morreu. A saudade vai ocupando as tais lacunas. E, aos poucos, ela vai colorindo um outro quadro. Bonito. Hoje, dói pensar no filho e como é impossível não pensar, apenas a dor existe. Chegará um amanhã em que a lembrança será capaz, inclusive, de roubar algum sorriso, de tempos de brincadeiras bonitas entre mãe e filho. Mostrou-me o celular. Nas chamadas, lá distante, havia uma do filho. Não haverá mais. Até isso dói. "Um pedaço de mim se foi", ela balbuciou entre lágrimas. Eu concordei. E delicadamente falei do poder de reconstrução. No inverno, não somos capazes de imaginar que, um dia, amanheceremos com uma paisagem completamente diferente. As árvores secas voltarão a florir. A morte é a primavera da alma. Voltei para casa pensando nos problemas que criamos desnecessariamente. Nas vidas que complicamos. Nas relações que permitimos serem doentias. Tempos de desperdícios. Chorar por um filho que se foi não é um desperdício, é um humano jeito de dizer a Deus: "Essa perda para mim foi demais". Vou visitá-la de novo, certamente. É o meu humano jeito de obedecer a Deus, amando quem mais precisa de amor.

Amigos distantes

Recebi uma carta de um homem que, na prisão, leu alguns livros meus. Ao final da carta, antes da assinatura, ele disse que era um dos meus "amigos distantes". Que não me conhecia pessoalmente, mas imaginava como eu era pelos textos que eu escrevia. A carta me foi entregue em uma palestra. Estava em Minas Gerais e, ao final, sua irmã me entregou a carta. Contou-me que o irmão havia lido muitos livros meus. Que sempre pedia mais um. Que um deles, "O pequeno filósofo", ele sabia de cor alguns trechos. Aquela confissão encheu-me de alegria. Os livros nascem de nossas mãos, de nossas intenções e ganham vida. Não é possível saber onde eles chegam, que histórias frequentam, que solidões acalentam.

Disse-me ela da recuperação do irmão. As drogas roubaram-lhe a dignidade, enfearam-lhe a vida, mas hoje ele está melhor. Em pouco tempo deixará a prisão e encontrará uma família disposta a acreditar em recomeços. Falamos um pouco mais. Havia outros professores para partilhar da prosa. Guardei com cuidado a carta e, assim que pude, cuidadosamente a li.

Linguagem correta, passeios pelos seus sofrimentos dialogando com personagens que criei. Falou do "abacaxi miúdo", um triste abacaxi de meu livro *A ética do rei menino*. Falou de minhas cartas. Falou do amor que devoto ao meu pai. E escreveu sobre o seu pai. O sonho de que, um dia, o pai não se envergonhe do filho. Eram algumas páginas em que a vida dele era entregue como uma confissão necessária. Explicou-me que me conheceu por acaso. Um outro presidiário estava lendo um livro meu escrito com o padre Fábio, *Cartas entre amigos*. Ele leu e depois quis ler os outros. Comentou comigo sobre o final de um romance meu e deu sugestões sobre um outro final para um livro infantil que escrevi com Mauricio de Sousa.

Gosta ele de finais felizes. O tempo do trancafiamento estava sendo duro. Mas é ainda jovem. Disse que era grato pelo tratamento que recebia. Que ouvia histórias de outros presídios e de seus horrores. Já era duro perder a liberdade. Perder a dignidade seria ainda pior. Ele era bem tratado. Nele, habitavam vários sonhos. Um deles era escrever. Escrever para que outros jovens pudessem fazer escolhas diferentes. O primeiro dia em que experimentou a droga foi para não dizer "não". Teve medo de não pertencer ao grupo de colegas que ele admirava. Depois quis novamente. Depois teve uma namorada que o levou para festas e nas festas drogou-se como quis. E chegou ao estágio em que já não vivia sem. E teve de buscar dinheiro lícito ou ilícito para honrar os compromissos com os traficantes.

Honrar compromissos? "Justo eu que desonrei minha liberdade e que optei pelos caminhos errados." Quer ele prevenir os jovens. Dizer que não comecem. Cantar o canto da liberdade que não combina com vícios. Não me pediu nada na carta. Nem ao menos que, concluído o livro, eu o apresentasse a alguma editora. Não deixou sequer o endereço. Realmente o seu único desejo era me dar um presente. E que presente! Fui relendo a sua escritura e agradecendo ao ofício que abracei como vida. Escrever. Escrever com a responsabilidade de quem sabe o poder que tem sua excelência "a palavra". Palavras que nos conduzem aos derradeiros instantes de decisão.

Somos um somatório de pessoas e livros que nos influenciaram, depositários de emoções alheias que ajudaram a formar as nossas. Na vida ou na literatura, conhecemos amores, vilões e heróis, medrosos e valentes. Nos textos, descobrimos teóricos que debruçaram sobre acontecimentos para neles jogar luz. Para que errássemos menos no futuro, para que compreendêssemos melhor o nosso estar coletivo.

O remetente da carta chama-se Francisco, apenas isso. Francisco, o santo. Francisco, o papa. Francisco, o jovem que, como tantos outros jovens, enfrentou e enfrenta o calvário. Que o desfecho seja feliz, como ele diz que gosta. Que um dia eu entre em uma livraria e encontre um livro de um tal Francisco, meu amigo distante.

Professores inesquecíveis

"Enfim, acabaram as férias." Foi com essas palavras que minha professora, na escola pública de Cachoeira Paulista, iniciou mais um ano letivo. "Enfim, acabaram as férias." Só isso já desenharia, em nossos olhares, uma obra de arte acolhedora. Ela gostava de estar ali. Gostava de ser nossa professora. Dizia isso sem apelos, sem exageros. Ela não trabalhava aguardando as férias ou finais de semana ou feriados. Gostava deles, naturalmente. É bom descansar. Bom e necessário. É bom viajar. Mas o melhor é exercer o ofício que se escolheu e que se compreende ser um instrumento para a melhoria do mundo. Ela, definitivamente, gostava de ser professora. E isso faz toda diferença.

Todo início de ano é assim, as aulas começam, os alunos vão entrando pelas salas e preenchendo, um a um, o mundo de possibilidades que esses espaços abraçam. Há escolas com mais ou menos tecnologia. Com espaços maiores ou menores para práticas esportivas ou culturais. Há escolas modestas e outras abastadas. Há algumas que ficam em grandes cidades e que possuem muitos alunos. Há outras, em cantos menores, com pouca gente. Em todas elas, há um professor.

Os espaços precisam ser acolhedores. A boa escola se prepara para receber os alunos. Sabe da importância estética do lugar que se frequenta buscando o novo. Espaços limpos. Frases tocantes. Ditos de entusiasmo na chegada. Como é bom chegar a algum lugar e se saber esperado, querido. Como é bom alguém nos olhar e dizer com palavras ou gestos: "Que bom que você está aqui!", "Que bom que você existe!", "Que bom que você me dará trabalho!" – pois foi essa a minha escolha.

Os inícios são fundamentais para o que virá depois. A autoridade do professor vai se construindo a partir do primeiro dia. Do primeiro encontro. Das primeiras atitudes. O aluno precisa se sentir seguro de que há alguém disposto a gastar com ele um pouco da própria vida para que sua vida ganhe mais significado. A atitude do educador haverá de preencher espaços essenciais da vida dos aprendizes.

Lembro-me de que, diretor de escola e iniciante, dei uma palestra aos professores da minha escola. Talvez por insegurança quis mostrar muito conteúdo. Falei de escolas pedagógicas na história e em outros países. Desfilei o que sabia para mostrar que a pouca idade não era um impedimento para que eu estivesse naquela posição. Quando terminei, uma professora mais experiente disse que havia gostado muito do que eu havia dito, mas que gostaria de dar uma modesta contribuição para outras falas. "É preciso dizer aos professores que digam 'bom dia', 'boa tarde'. Que se apresentem com humildade, que prestem atenção aos alunos, que mostrem a eles o quanto é importante estarem juntos, aprendendo." Eu agradeci, mas disse que isso eles sabiam, que era óbvio. Ela insistiu: "É preciso dizer o óbvio; as pessoas se esquecem do que sabem ou deveriam saber". Fiquei pensando na experiência daquela professora. Há algo que vai além dos conteúdos e que é tão ou mais importante do que eles, a atitude de quem educa.

Se revisitarmos o baú de nossas recordações, o baú afetivo do qual apenas nós temos as chaves, encontraremos, certamente, alguns professores. Talvez seja um bom exercício nos perguntarmos a razão de eles estarem ali. O que fizeram para serem professores inesquecíveis. Quais eram as suas atitudes. Essa é uma boa escola para nós que estamos nas salas de aula ensinando. Olharmos para trás e tentarmos compreender as lições do que permanece. Há professores que tropeçam nas tentativas insanas de ensinar passando o máximo de informações possível. Informações, há em toda parte. Professores, não. Os alunos terão caminhos para dirimir dúvidas sobre conteúdos, mas os exemplos dos seus professores só se encontram nos seus professores. Exemplos que ajudam a forjar o caráter, a perseguir o caminho reto, a ter apreço pela ética, pelo respeito, a compreender as diferenças, a exercer a generosidade como um mandamento de vida, a ter sonhos e persegui-los.

Educar para os valores faz toda diferença. Aquela antiga professora me dizia isso. É bom ter um repertório sofisticado, ter conhecimento, ter estudo, ter preparo, mas é melhor ainda ter tudo isso e tocar na alma das pessoas. Com leveza. Com simplicidade. Com um "bom dia" que significa muito, que significa tudo.

"Enfim, acabaram as férias." Depois dessa frase, ela disse outras na mesma direção. "É uma honra ser professora de vocês. Será um ano muito bom. Vamos aprender juntos. Vocês vão ver como é bom aprender coisas novas. Quero começar contando uma história. Uma história que eu aprendi com uma professora quando tinha a idade de vocês e que eu nunca mais esqueci. A história de um menino que achava que não ia conseguir aprender...".

Pronto. Já revisitei meu baú de recordações. Já posso entrar na sala de aula e encontrar meus novos alunos. Estou feliz por conhecê-los. Farão parte da minha vida neste novo ano e, certamente, permanecerão...

Empresta o seu sorriso

Asilos são cenários privilegiados de acúmulos de histórias.

Histórias, enredos de vidas reais. Amores de ontem. Tempos delicados de encantamentos. Encontros. Despedidas. Os anos acumulados acumulam perdas. Quantos estão ali revivendo momentos que aquecem o presente! Fotografias belas de um outro tempo. Falam de descobertas do mundo que foi se transformando, das aprendizagens que se fizeram necessárias. Falam dos seus que já não são mais seus. Ou porque partiram ou porque partiram. Assim mesmo. Partiram para a eternidade ou partiram os sentimentos dos que ali esperam um amor, uma presença como antes, um convívio.

Histórias de filhos que não visitam os pais. Que por razões, sem razão, negam as raízes. As mais absurdas desculpas são usadas para justificar o injustificável. Aguardam, os que estão ali, um aceno, um encontro, um instante de revivida celebração. Mas os filhos se ocupam de outras tarefas. O passado talvez os incomode. Mas é de presente que falamos. De presença.

Em terras pedregosas, sempre há uma teimosa flor que brota para lembrar a cor do belo. Nas ausências desses asilos, aparecem pessoas dispostas a ouvir e a conviver. A ser voluntário da partilha. Gostam, os que têm histórias, dos que têm paciência de ouvir histórias.

Certa feita, um adolescente chegou triste a um asilo. Não estava triste por estar ali. Estava triste por uma ausência. Por um amor adolescente que o adoeceu. Estava triste pela insegurança diante da vida sem o tal amor que parecia eterno. Um namoro se findara. Apenas isso. Apenas isso? Isso é muito. Dói mais do que imagina quem nunca teve o privilégio de sofrer por amor.

O adolescente estava assim, nebuloso, mas foi, com outros adolescentes, ao projeto que faziam de conviver com os moradores do asilo.

Cada qual sentava onde queria e conversavam. Pedro, o adolescente, sentou-se ao lado de Carmen, uma senhora em quem o tempo acumulou felicidades. Problemas, ela sempre teve. Mas não foram suficientemente fortes para diminuí-la. Carmen foi dançarina. Viveu amores intensos. Perdeu o que tinha, quando não tinha o discernimento necessário para fazer as escolhas corretas. Reencontrou-se. Amou o seu amor, mas dele se despediu em um dia frio de junho. Ela conta, como em uma novela, os detalhes do velório do marido. Não tiveram filhos. Tentaram, mas não conseguiram. Tiveram, entretanto, razões suficientes para viver de amor. Carmen é falante. E fala sorrindo. E gosta dos detalhes. "Os detalhes enfeitam a vida", ensina ela. Pedro era só ouvinte. Fechado em si mesmo, pela dor da despedida, ouvia. Contava Carmen de quando conhecera o seu amor. E um sorriso lindo a tomou desprevenida. Foi quando Pedro pediu: "Empresta o seu sorriso?".

Carmen compreendeu. Falou que também havia sofrido por amor. E que era lindo ver um homem chorando por uma mulher. Chorando por amar. O tempo agradeceria essas experiências. Mesmo as dolorosas. Vidas são assim. Choraram juntos aqueles dois. E, ao final, depois do pranto dos desabafos, Pedro saiu sorrindo. Disse ela ao menino: "Fique com o sorriso para você, não precisa me devolver". Bem melhor do que chegou, porque boas ações nos fazem assim, Pedro respondeu: "Faço questão de devolvê-lo, será um motivo a mais para nos reencontrarmos".

Tenho o hábito de visitar asilos e sempre saio com uma penca de sorrisos emprestados. Toda pessoa deveria fazer um trabalho voluntário. É o ensinamento de Francisco de Assis: "Quem dá é ainda mais feliz do que quem recebe".

Onde mora Deus

Uma criança pergunta para sua mãe:

– Onde mora o Papai do Céu?

E ela responde:

– No Céu. Se é Papai do Céu, mora no Céu.

A criança fica pensando, pensando. E não satisfeita com a resposta prossegue:

– Mas onde, no Céu? Em cima ou embaixo dos aviões?

A mãe não sabe o que responder. E, enquanto ensaia dizer alguma coisa, entra a avó.

A criança repete a pergunta e explica a resposta da mãe. Quer saber o que pensa a avó.

– Onde mora o Papai do Céu?

A avó, experiente nesses assuntos de extrair o que a criança tem de melhor, devolve a pergunta:

– Onde você acha que mora o Papai do Céu?

A criança, sem titubear, responde:

– Em todo lugar.

– Em todo lugar? – Insiste a avó.

– Em quase todo. A avó aproveita e quer saber mais:

– E onde, então, não mora o Papai do Céu?

Com uma certeza definitiva, responde a criança:

– Onde tem maldade.

A conversa prossegue. A mulher observa sua mãe conversando com o seu filho.

Deus mora onde não mora a maldade. Não que a maldade seja mais forte do que Deus. É que Deus respeita as escolhas humanas. É que Deus autoriza o homem a querer ou não sua morada.

A avó abraçou o neto e disse com carinho:

– Obrigada pela oportunidade de aprender algo tão bonito com você. O menino piscou para algum lugar em que ele sabia que Deus estava ouvindo tudo e gostando do que ouvia.

Podemos aprender muito com as crianças.

Elas sabem onde mora Deus.

A chave de nossas lembranças

Gosto de conversar com as pessoas. Gosto muito.

Preocupo-me com um tempo em que pessoas gastam parte significativa da vida com máquinas e se esquecem do significado de "gastar tempo" com o outro.

Olhos fitos no celular. Mensagens. Redes sociais. Jogos. Avidez pelo mundo virtual. E quase nenhuma palavra com quem está ao lado.

Gosto de conversar com as pessoas. Repito. E gosto de ouvir suas histórias. Vidas preenchem o sagrado território das emoções. Temos a chave de nossas lembranças e temos o poder de revisitá-las. Momentos, partidas, encontros. Lágrimas que não esconderam nossas dores. Luares que banharam nossos desejos mais ardentes. Paixão. Dores doídas de um amor não correspondido. Cicatrização. E, de novo, a esperança. E, de novo, a dor.

O tempo passa e permanece dentro de nós.

Lembro-me de minha infância, de minha cidade do interior e das famílias sentadas na calçada em dias quentes. Não havia ar-condicionado, não havia internet, a televisão não ocupava o nosso tempo. A violência também não nos frequentava.

Na praça, sempre havia alguma apresentação musical. Íamos à missa e na saída conversávamos, sem pressa.

Presentes? Ganhávamos no natal e no aniversário. Hoje, os quartos dos filhos estão repletos deles, sem nenhum valor afetivo. Têm todo tipo de computador. Mas ausência de pais contadores de histórias, ausência de conversas reais, de pessoas que "gastem tempo" com pessoas.

Não sou contra o avanço tecnológico e confesso ser um admirador desse universo. Uso as mídias sociais para propagar as minhas crenças e aprender com os tantos amigos de meu "quintal tecnológico". Mas não abro mão do meu quintal real. De falar e ouvir. De fazer da refeição uma partilha de vida com minha família e meus amigos. De viajar com as personagens dos livros que frequentam minhas noites. E que ampliam as minhas emoções.

Em 2015, fui homenageado no Líbano, terra dos meus avós, e abri, novamente, a chave de meu passado para me encontrar com o meu pai, contador de histórias e iluminador de valores. Em nossas prosas, os ensinamentos que vieram de seus pais. Amor, generosidade, retidão, trabalho, fé. Sabedoria da vida. Uma escola em que o tempo é o professor.

Se os pais de hoje não compreenderem a importância da simplicidade na convivência cotidiana, as lembranças dos filhos estarão recheadas de jogos virtuais e de um mundo que, embora fascinante, não tem a essencialidade da convivência real.

Se os fogões a lenha, que faziam com que o preparo do nosso alimento desse um significado especial ao nosso tempo, não existem mais, existamos nós, presentes na vida e na lembrança futura dos nossos.

Gosto de conversar com as pessoas. Gosto muito.

Mulheres fortes

"Meu marido teve que escolher: a bebida ou eu", disse-me uma mulher em um evento na periferia de São Paulo. "Expliquei para ele: Deus te deu uma mulher maravilhosa. Eu sou maravilhosa, mas se você acha que vou de bar em bar pra te buscar, esqueça". Tudo isso ao lado do marido, que concordava mexendo a cabeça. A mulher prosseguia explicando que, quando namoravam, já suspeitava que ele tinha umas atitudes inadequadas. Ela ameaçou não casar. Ele melhorou. Depois do casamento, voltou ao erro. "Comigo não pode sair da linha." E o marido olhava com olhos apaixonados para a mulher que falava pelos dois.

Uma outra senhora explicou que não tinha mais filhos nem netos na creche, mas como gostava muito do bairro, passava de vez em quando nas creches para ver se algo estava fora do lugar. "Está tudo em ordem. Se não tivesse, eu falaria. Eu tomaria providências." Uma outra falou sobre o sistema de saúde. Disse o que funcionava e o que faltava. E assim, as líderes comunitárias foram desfilando suas opiniões, com uma autoridade impressionante. Havia homens na conversa, mas eram elas, as mulheres fortes da periferia, que falavam mais, que apontavam problemas e apresentavam soluções. Soluções de quem ama o lugar em que vive, de quem não admite violência, de quem busca fazer de cada canto da cidade um canto bom para se viver. Bem informadas. Guerreiras. Cientes de que o mundo mudou. São elas que chefiam as famílias e que protagonizam as mudanças necessárias para que a cidade não deixe ninguém para trás. Confiam na educação como o caminho mais eficaz para que os filhos tenham uma vida digna. Enfrentam as adversidades com valentia. Não querem ser Amélias. São as mulheres de verdade que assumem o comando da própria vida e avisam ao medo que "sexo frágil" é um termo que não existe em seus dicionários.

Saio revigorado desses encontros. Aprendo muito. Admiro quem não se entrega. Quem luta por suas convicções e faz história. Fiquei imaginando a luta daquele homem para não perder seu grande amor. Como diz a canção: "Aquilo sim é que era mulher".

Dia do trabalho

Uma mulher me respondeu com um sorriso contagiante quando eu lhe dei um simples "tudo bem?". A resposta foi intensa: "Graças a Deus! Sou muito feliz por trabalhar nesta escola". Ela trabalha na limpeza da escola. Não mora tão perto. Acorda bem cedo. Pega mais de uma condução. Quando chega em casa, tem outra jornada com o marido e os filhos. E é feliz.

Tenho muito respeito pelos funcionários das escolas. Os que limpam os espaços em que educamos, os que preparam o alimento das crianças, os que cuidam para que tudo esteja em ordem para nós, professores, realizarmos nosso ofício. Sou muito feliz por ser professor. E escritor. E sempre que converso com jovens sobre profissões, tento ajudá-los a perceber que a melhor escolha é fazer aquilo que nos realize, que nos faça perceber que podemos ser úteis à sociedade. Não há profissões superiores ou inferiores. Todo trabalho é digno, quando feito honestamente. Mas é preciso ir além. É preciso ter o entusiasmo daquela mulher que encontrou naquela escola o seu canto de realização. Podemos lutar por nossos direitos, buscar melhores condições de trabalho. O papa Francisco disse, numa ocasião, que é escandaloso mulheres ganharem menos que homens para exercer a mesma função.

Há ainda um longo caminho para valorizar as pessoas e as profissões, para dar dignidade a todos e acabar com preconceitos. Mas há um outro fator, de extrema importância, também, que é o encontro com nossa própria vocação, com o que, de fato, nos diga se estamos ou não no lugar certo. Como é ruim encontrar pessoas que detestam o próprio trabalho, que detestam o que fazem e que não encontram disposição para buscar novos caminhos. Vidas desperdiçadas. Sem sermos felizes naquilo que fazemos, dificilmente faremos algo de bom para outras pessoas. Com gestos amargurados, contaminamos o ambiente e a nós mesmos. Sempre é tempo de ressignificar nosso trabalho, de redescobrir a chama que nos faz iluminar pessoas com simples respostas como esta: "Graças a Deus! Sou muito feliz por trabalhar nesta escola". Feliz dia do trabalho.

Liberdade, profissão inegociável

Em uma roda de jovens, a discussão sobre o mercado de trabalho e as novas profissões tomou um rumo muito interessante. As incertezas sobre que caminho seguir na vida sempre povoaram a mente daqueles que, ávidos por um futuro, têm a preocupação de não errar nas escolhas. Antigamente, parecia mais definitivo. Cursar uma faculdade era renunciar a qualquer outra possibilidade. Parecia ser aquela a profissão que exerceria a vida toda.

Hoje, há maior flexibilidade. Cursar mais de uma faculdade é possível, há cursos de pós-graduação para áreas tão distintas. Há graduações à distância. Mudar de emprego e de área também não é mais incomum. Em outros tempos, os sonhos das famílias para o destino dos seus filhos eram restritos a áreas como Medicina, Direito, Engenharia e algumas poucas outras. Ser doutor era quase uma exigência. Hoje, há incerteza nos pais até na compreensão do que faz o profissional de áreas como Mecatrônica, Medicina Nuclear, Ecogastronomia, entre outros. Os cursos de Gastronomia, Turismo, Hotelaria vão ganhando mais adeptos. As áreas todas de tecnologia mostram-se como caminhos interessantes de sucesso profissional. A criatividade, o design, a moda ganham mais força.

Falavam sobre essas questões aqueles estudantes, quando um disse da preocupação com outros jovens que não tinham qualquer preocupação. Daqueles que trilhavam caminhos sem volta. Comentavam sobre os tantos tipos de vícios. Dos amigos que se perdem. Foi quando um deles ensinou: "Ainda não sei que vestibular prestar. Tenho muitas dúvidas. Gosto de muitas coisas. Agora, de uma coisa, eu não abro mão. Da minha liberdade. Liberdade é uma profissão inegociável. O resto, a gente ajeita".

É isso. Às vezes, há excesso de preocupação com profissões que remuneram mais ou menos e há falta de cuidado com a essência da realização humana. É preciso educar nossos jovens para que saibam dizer "não" a tudo o que retira deles o que de mais precioso eles têm: a liberdade.

São José, o educador

No dia 19 de março, comemora-se o dia de São José. São José, o pai nutrício de Jesus. São José, o padroeiro dos operários. São José, o artesão de Nazaré. São José, o santo da simplicidade. São José, o educador do filho de Deus.

A vida de José é narrada nos evangelhos e na tradição dos grandes pensadores cristãos. Carpinteiro, ensinou a Jesus o ofício de talhar a madeira, de tomar cuidado com as ferramentas para não ferir nem a si nem ao outro. Esculpir o formato certo. Fazer com que cada objeto da criação seja útil. Artistas do ofício de fazer peças úteis e belas. Uma cadeira para o descanso. Uma mesa para partilhar. Um armário para guardar o necessário. Um local para servir de aconchego quando se volta ao lar.

No lar de Nazaré, o menino Jesus pode conviver com um homem cioso do seu papel na história. Um contador de histórias, talvez. Jesus adulto gostava de contar histórias e de, por meio delas, desvelar mistérios da alma humana e oferecer ensinamentos para o cotidiano. As parábolas de Jesus nascem de uma mente acostumada a acumular sabedoria. Desde cedo, bebeu em fontes santas e profundamente humanas.

Os textos sagrados não trazem detalhes do dia a dia da pequena família. Maria, a mulher que se acostumou ao silêncio e à profundidade dos dizeres, certamente O embalou em canções de ternura e O ensejou para o protagonismo essencial a todo ser humano. Era ela a mulher escolhida para gerar o Amor e para suportar a dor. No dual dos seus dias, soube inspirar a serenidade. Uma mãe cativante, uma senhora eternamente menina, com títulos tantos para expressar a devoção de povos tantos que, no seu carisma, tentam se animar.

E José? Sobre o que conversavam? Quais medos tinham? O que os fazia chorar? E sorrir? Saíam para passear? Contemplavam as paisagens daquele local? Como eram as refeições? Diziam o quê, um ao outro, antes de dormir? Amanheciam com quais esperanças?

Na carpintaria, o menino Jesus aprendia na madeira o que haveria de esculpir na humanidade. O Artesão dos homens estava em construção. O ensinamento do Mestre constrói um novo tempo. Era o Amor o Seu tema, e não a vingança. Era de paz que Ele falava e não de acúmulos de ódios ou de posses. Era o abraço ao que estava sem braço por ter sido alijado no caminho. Como José O inspirou a nos inspirar? "O filho pródigo" nos ensina a perdoar e a acolher aquele que se gastou por aí. E nos ensina a estarmos atentos à inveja daquele que se julga sempre correto. O "Bom Pastor" traz o ensinamento de que nenhuma ovelha deve ser deixada de lado. É preciso compreender que cada uma é diferente. E que todas elas merecem atenção especial. Que nenhuma se perca. Precisam elas da voz do pastor. Naquela época, cada pastor que chegava para buscar suas ovelhas emitia um som que fazia com que apenas as "suas ovelhas" o seguissem, porque elas reconheciam o "seu" pastor. No "Semeador", a necessidade da boa semente. Da semente que cai em terra fértil. E que é capaz de produzir frutos.

Que histórias José contou para o seu filho para que Ele pudesse depois dizer à multidão que O seguia? Sentavam-se eles no chão, talvez, e revezavam-se no dizer e no preencher de vida os dias de preparação. No chão daquelas casas simples em que moravam, a firmeza do caráter ia se moldando. José ensinava o correto nas palavras e nas ações. No respeito à Maria. No acolhimento às dúvidas do menino, de todo menino que necessita da presença do pai.

Não sei se José ensinou ao filho lições de Matemática ou de Física ou de Geografia. Não sei detalhes daqueles dias naqueles tempos. Sei que os valores fundamentais que educam o caráter de uma pessoa estavam na lida de São José, o educador. Ensinar a ser bom, ensinar a ser honesto, ensinar a respeitar o outro, ensinar a amar. Amar como fundamento da vida em qualquer profissão. Amar como verbo inspirador de outros valores e ações. Amar como razão de existir. Na carta aos Coríntios, Paulo nos ensina que o amor é paciente, é benigno, não é soberbo nem inconveniente, muito menos interesseiro. O amor não se ressente nem se diminui diante do mal. Ao contrário, regozija-se com a verdade e compreende o tempo.

Quando o coração de José falava ao coração de Jesus, as palavras aguardavam. E, assim, na simplicidade de Nazaré, naquela pequena família, os grandes ensinamentos da humanidade estavam sendo esculpidos. Carpinteiros de vidas. Um Novo Testamento. Uma Nova Aliança. Não mais baseada no "olho por olho, dente por dente", mas no abraço que conforta porque compreende que, na trajetória, em algum momento, qualquer um dos viventes pode cair e se machucar. Que nunca falte um "bom samaritano" para agir.

Vez em quando, é bom parar e relembrar a vida de homens que nos iluminam em meio às escuridões que nos frequentam.

Sobre a mentira e a verdade

Em uma aula, um aluno me perguntou se eu acreditava no ser humano. Argumentou que a perversidade e a mentira eram mais comuns que a bondade e a verdade. Que bastava que eu olhasse as redes sociais ou prestasse atenção aos dizeres agudos de pessoas destruindo outras. Na política. No mundo empresarial. Nas conversas. Sempre há uma tentativa de diminuir o outro. Raramente, justificava ele, encontramos pessoas que gastam tempo elogiando alguém.

Ouvi-o com atenção. Concordei em parte. Infelizmente, há por todos os lados atiradores de pedras. Tão lindo o ensinamento de Jesus quando homens que se achavam donos da verdade e da pureza estavam com pedras nas mãos para atirar na pecadora. O olhar de Jesus àquela mulher incomodou os homens. Ela era uma pecadora. Quiseram saber o que fazer e Ele iluminou a lei que eles diziam seguir: "Quem não tem pecado atire a primeira pedra". Jesus revolucionou os costumes aproximando-se daqueles que viviam à margem. Mulheres, crianças, estrangeiros, leprosos, pecadores. Pecadores são todos, mas alguns se vestem de puros para achincalhar os outros.

Há muita mentira e perversidade, sem dúvida. Há gente que se dedica a isso. Infelizes. Pessoas atormentadas que intentam apagar o brilho dos que se destacam. Meu aluno tinha razão. Mas é preciso ir além na compreensão do ser humano. Somos seres da verdade. É a verdade que nos liberta, nos sereniza, nos prepara para viver em harmonia. O resto é distúrbio, engodo, desperdício. Se alguns se perderam nas sendas da mentira, há outros que nos inspiram a continuar acreditando no ser humano. Disse-lhe: "Sou professor e o dia em que eu desistir do ser humano, desistirei do ofício que abracei". Professo a certeza de que estamos sempre em construção e de que compete a nós educarmos uma geração que conheça a própria essência e que faça da vida uma ação generosa. Não há felicidade longe disso. Nem humanidade. Por isso nos desenvolvemos na convivência e aprendemos que cuidar e não apedrejar é o que nos realiza.

Um amor além das ausências

Ele tem 85 anos e ela, 84. São casados há mais de 60. Tiveram filhos, netos. Fizeram viagens. Passeios. Piqueniques, talvez. Trocaram, muitas vezes, palavras de amor. Alguns desentendimentos, é certo. Mas sobreviveram e continuaram juntos. Ela foi diagnosticada, há pouco, com Alzheimer. Ele chorou por dentro, mas decidiu estar presente nas ausências de sua amada.

Ela tem momentos de agressividade e de trancafiamento. Ele está sempre ao lado. Foi assim desde o início, por que agora seria diferente? Cuidar de alguém doente não é fácil, principalmente quando se sabe que nunca mais será como foi um dia. Perde-se, pouco a pouco, a memória de tantos momentos. Esvaziam-se histórias lindas e promessas de amanhãs. Médicos. Remédios. Cuidados. O amor é assim. Vai além das ausências. Os filhos não têm a firmeza do pai. Sofrem muito e, embora ajudem, têm suas próprias vidas. O pai está ali, dia após dia. Acariciando. Ouvindo repetidas histórias tantas vezes quantas a mulher quiser contar. E não reclama da sina. Amigos se afastam. Cansam de ver o declínio dos pensamentos. Quem ama fica. Disse-me que, se pudesse escolher uma nova vida, seria ao lado dela. Foram anos de encantamento, de decisões conjuntas, de emoções intensas. Sorrisos permaneceram mais tempo que lágrimas. Uma vida feliz. Agora, é o entardecer. Veio antes do que ele gostaria. E trouxe nuvens cinzentas que anteciparam o pôr-do-sol. Mas quem decide o que há de acontecer? Quem sabe por que passamos por apertos? Largar é negar o ontem. E foi muito bom.

Assim, eles prosseguem. Juntos. Em um amor além das ausências. Rico em significados. Disse-me que há tristeza em vê-la indo aos poucos. Mas há conforto em saber que tem forças para cuidar de seu amor. Sem lamuriar. Poderia estar vendo futebol, indo a um baile com amigos – há tantos para essa idade, ou a algum bar de esquina. Mas o melhor é estar ao lado dela. É ali que se sente vivo e apaixonado pela mulher que o retirou da multidão e o fez sentir-se essencial. O amor, eis a essência da vida.

O perfume de Yasmin

Eu tive um irmão com síndrome de Down. Era o terceiro de quatro filhos, e eu era o caçula. Meu irmão cantava e dançava boa parte do dia. Tinha também os seus brinquedos e todo o nosso afeto. Naquela época, a inclusão era ainda uma utopia. Frequentar escolas com outras crianças, aprender e ensinar, conviver, era, praticamente, um tabu. Minha mãe dedicou a vida a cuidar dele, e nós o amávamos muito.

Dia desses, conheci Yasmin, uma menina com Down que estuda em uma escola municipal e que conversa e que abraça e que ri de pequenas coisas, porque percebe que, nas pequenas coisas, está a alegria. Yasmin me abraçou fortemente, quis ficar no meu colo, encostou a cabeça no meu ombro e, quando a professora quis levá-la, ela explicou: "está bom aqui". Yasmin trouxe a memória afetiva do meu irmão. Ele faleceu com 33 anos. Cedo demais. Ele foi o meu companheiro de tantas brincadeiras infantis e a minha inspiração para alguns dos meus primeiros escritos. Júnior era o seu nome. O nome de meu pai, um homem bom, que cuidou de todos nós e nos ensinou a amar as diferenças e a compreender a beleza que há nelas.

Sempre defendi a bandeira da inclusão. Alunos com deficiência convivendo com outros alunos, aprendendo juntos o valor da solidariedade, do respeito; e desenvolvendo habilidades que, todos nós, com maior ou menor dificuldade, somos capazes. Yasmin transmitia a espontaneidade e a alegria tão comuns nas crianças com Down. A professora levou-a com delicadeza, dizendo-me, "essa menina é um presente". Meu pai dizia isso do meu irmão: "Meu filho Júnior é especial, um presente especial de Deus".

Há muito a ser feito pelas pessoas com deficiência. A verdadeira inclusão depende de ações concretas em todos os ambientes que eles têm o direito de frequentar. Se olharmos para trás, já evoluímos muito. E assim tem que ser. O perfume de Yasmin frequentou a minha alma naquele dia. Saudade do meu irmão.

A partida de Yasmin

Quando assumi a Secretaria Municipal de Educação, fiz questão de visitar todas as regiões de São Paulo para escutar a comunidade escolar: professores, famílias, gestores, alunos, funcionários, entre outros. Rica experiência de aprender com os profissionais que fazem o dia a dia acontecer nas nossas escolas. Numa dessas vezes, fui a um evento de escuta na Brasilândia. Terminado o evento com centenas de professores, pais, alunos, funcionários, uma professora veio falar comigo sobre um artigo que escrevi quando da minha outra visita na Diretoria Regional de Ensino (DRE) Freguesia/Brasilândia.

O artigo chamava-se "O perfume de Yasmin", sobre uma linda menina com Síndrome de Down. A professora me abraçou e me contou: "Yasmin morreu". Olhei os olhos marejados e bebi daquela emoção. Yasmin havia pedido para ficar mais tempo no meu colo. E me fez lembrar meu irmão que também tinha Down e que também partiu. Yasmin era muito menina para partir – mas quem somos nós para decidir? Era uma menina meiga. Feliz por conviver em espaços em que era amada, respeitada. Lembro-me do seu jeito espontâneo, característica das crianças com Síndrome de Down – não negam afetos, não escondem sentimentos, não disfarçam verdades.

A partida de Yasmin mexeu comigo. Quis saber o que aconteceu. Ouvi com atenção os relatos da doença que, prematuramente, a levou. Outros professores queriam conversar. Dei atenção a eles. Afinal, eles me alimentam de ideias e de entusiasmo. Mas naquele entardecer da Brasilândia a imagem que me frequentava era a de Yasmin, do seu sorriso, do seu abraço prolongado, de sua cabeça jogada nos meus ombros e de sua decisão ao não concordar com a professora que queria tirá-la do meu colo. A resposta decidida foi: "Está bom aqui".

Pequena Yasmin, você perfumou um pouco a minha vida e outras vidas. A fé que comungo me faz ter a certeza de que você está bem. Perfumando outros mundos. E sei que, aí onde você está, você pode dizer com ainda mais convicção: "Está bom aqui".

Um punhado de atenção

Tenho percorrido as diversas regiões da cidade de São Paulo, visitando escolas. Em cada uma delas, tenho conversado com professores, alunos, pais, diretores e com todos os outros colaboradores do universo escolar. Em uma das minhas visitas, ouvi esta história de uma funcionária. Muito sorridente, ela se aproximou e foi se apresentando. Disse que trabalha em escolas há mais de 30 anos. E que é feliz com o que faz. Que, assim como eu, ela também gosta de conversar com as crianças, com os professores, com as famílias. Falou que se acostumou com alguns que reclamam muito e com outros que estão sempre dispostos a ajudar. E foi me ensinando que ajudar alguém é a melhor coisa que se pode fazer na vida. Disse que não teve muita oportunidade de estudo. Que fez o básico. Mas que aprendeu com a vida e com a mãe, que criou onze filhos sozinha, depois que o marido faleceu.

Contou-me uma história do tempo em que ainda vivia em Minas Gerais, onde nasceu. Certo dia, um vizinho foi pedir um punhado de feijão. Coisa comum em cidade pequena. Vizinhos se ajudando. Disse ela que estava ajudando a mãe na cozinha. Apressada. Com vontade de terminar logo para passear. O vizinho bateu palmas, era assim que se fazia antes de criarem a campainha, e trouxe uma vasilha na mão. Ela logo abriu o recipiente e colocou o feijão, com rapidez, para se ver livre e voltar ao que estava fazendo. A mãe quis saber quem era e qual o motivo de sua pressa. Ela explicou, e a mãe a repreendeu: "Todas as vezes que damos um punhado de alguma coisa para alguém saiba que, junto, temos que dar um punhado de atenção".

"Aprendi", disse-me a funcionária, "e nunca mais esqueci", completou. Agradeci a boa prosa, concordando. Nos dias corridos, nas tarefas em excesso, na impaciência, desperdiçamos belas oportunidades. Encontros valorosos estão à nossa espera. É preciso prestar atenção.

São Paulo do amanhã

Há diversas definições para o ato de educar. Gosto da que reverencia o professor como o que atua na garantia do direito ao futuro, da construção dos amanhãs. Tenho visitado as escolas de São Paulo e presenciado a ação digna de mulheres e homens que cuidam de nossas crianças. Tenho ouvido sugestões de diretores, professores, funcionários, pais e alunos sobre o que fazer para que nossas escolas sejam melhores. São eles os que têm as melhores observações, porque vivem o dia a dia da sala de aula. Sabem que há muito a ser celebrado e que há muito a ser conquistado.

A experiência do ouvir é enriquecedora. Fico atento aos detalhes, porque nos meus dois ofícios, de professor e de escritor, alimento-me desses instantes. E fico feliz quando vejo crianças sugerindo, opinando, exercendo a cidadania, enfim, e seus professores orgulhosos disso. Ouvi de um aluno que, na alimentação escolar, é melhor quando eles se servem, porque podem colocar a quantidade de comida que querem e, assim, não há sobras nem desperdícios. Uma menina acrescentou que essa era, também, uma forma de aprender a escolher umas coisas e deixar outras para trás. A professora abriu um sorriso e não se conteve: aplaudiu o texto correto dessa pequena cidadã. Cotidiano de mestres e aprendizes que, nessa cidade imensa, preparam a São Paulo do amanhã. Deixar de cuidar dessas crianças é negar a elas o direito de serem protagonistas de suas histórias e de terem a autonomia das ações acertadas, do futuro planejado.

Ser professor é viver essas experiências, professando a certeza de que fazemos a diferença nos degraus cotidianos do conhecimento e nos encontros com vidas em construção. E construímo-nos porque aprendemos todos os dias. É isso que nos garante o sabor do saber, a alegria de ver que escolhemos a profissão certa e que, a ela, dedicamos nossa vida. Somos protagonistas dos tempos que virão, porque cuidamos do hoje. É a esperança o alimento que escolhemos. Talvez porque, um dia, um professor também nos aplaudiu, reconhecendo os talentos que nasciam de nossas singelas conquistas.

O futuro de meu filho

Uma amiga me convidou para um jantar filosófico que, mensalmente, faz em sua casa. Convidou-me para falar sobre Kant e a ética dos costumes para cerca de 30 pessoas que haviam lido alguns textos do filósofo. A conversa foi agradável e as perguntas iam desde os temas da metafísica, das críticas da razão pura, até o dia a dia das famílias. Foi quando o assunto chegou à educação dos filhos. Um pai quis saber se era correto escolher a profissão dos filhos. Perguntou, já argumentando que era natural que um pai médico quisesse ter o filho médico, trabalhando com ele. Que o mesmo poderia ocorrer com uma família dona de uma empresa. Tudo seria mais fácil se os filhos dessem continuidade ao legado dos pais. Alguns concordaram; outros, não. Falamos como a teoria de Kant poderia nos inspirar: "Age sempre de tal modo que o teu comportamento possa vir a ser princípio de uma lei universal." Age de tal modo que seu agir, se visto por outros, não lhe cause constrangimento. Isto é, faça o correto mesmo que ninguém esteja olhando.

A filosofia preocupa-se mais com perguntas do que com respostas. Uma das mães tentou ajudar. "Não tenho o direito de decidir o futuro de meus filhos. Já decidi o meu. Quero que eles tenham consciência para decidir o deles. Se forem médicos como nós, os pais, será ótimo. Se não forem, será ótimo também. O que quero, inclusive inspirada na teoria de Kant, é que sejam bons. Isso é o mais importante." Que os filhos sejam bons. Inspirados em Kant ou, melhor ainda, nos pais. Os exemplos são combustíveis de vida. Garantem o mínimo para o percurso que teremos de cumprir. O resto fica para a nossa liberdade. Há muitos caminhos, há muitas possibilidades de exercitar o talento no mundo do trabalho. O mais importante é ser bom.

Na sobremesa daquele jantar, senti um gosto de esperança. Pais preocupados com filhos. Amigos exercendo a prosa filosófica para conviver com leveza. Retratos de um mundo que pode ser melhor. Se exercitarmos a bondade.

Respeite minha memória

Em um restaurante, uma filha mostrava impaciência com a mãe que repetia as histórias. A filha a interrompia, grosseiramente, dizendo: "Mãe, você já contou isso, você está muito esquecida, você não está bem. Que pena, mas você não está bem!".

A mãe, olhar ao longe, ficava em silêncio, parecia triste, mas voltava ao assunto. A filha a interrompia, começava uma história, falava do marido, falava mal do marido. A mãe tentava ajudar, dizendo que tivesse paciência, pois as pessoas eram diferentes. Falava vagarosamente. E a filha a interrompia, mais uma vez, dizendo: "Mãe, você está muito lenta, está sem cabeça, você não é mais a mesma. Que pena, mas você não está bem!" A mãe não retrucava. Calava-se, obediente. Voltava ao seu silêncio, como se buscasse, dentro de si, o conforto da própria companhia.

Como aquela conversa me incomodou! Quantas vezes a filha disse para a mãe que ela estava sem cabeça, que não estava bem! Repetir histórias, todos nós fazemos, independentemente da idade. Quando percebemos que o outro está esquecido, que o tempo trouxe alguma dificuldade à memória, é preciso respeitar.

Tratar os pais com respeito. Compreender as limitações que todos nós temos em qualquer idade. Não expor as ausências, não ridicularizar, não diminuir quem nos alimentou de vida nos mais fortes anos de suas vidas e que, agora no entardecer, já não têm o mesmo vigor são formas de fortalecer os laços de família, de amor, de acolhimento. Laços que lhes parecem tão fragilizados nessa etapa da vida.

Ao final, a filha, impaciente, não esperou a mãe terminar de comer. "Vamos, tenho que ir embora, você está comendo muito devagar. Também, você não faz nada. Vamos, eu cuido de você." Cuidar não é isso. Nas palavras, estão instrumentos poderosos de diminuir ou elevar as pessoas. Há gestos que fazemos sem refletir. Tempos que perdemos por não compreender. Pessoas que machucamos por não respeitar. Que pena.

A idade de aprender

Encontrei, no final do ano, uma senhora sorridente em uma das calçadas de São Paulo. Apresentou-se, desejou-me boas festas e falou de seu orgulho de ser recém-formada. Julia, é esse o seu nome, formou-se aos 72 anos. É, agora, nutricionista. Falou-me de alimentação, de cuidados que precisamos ter para que as crianças adquiram bons hábitos, do comer apressado, da falta de tempo para prestar atenção às coisas e às pessoas. Disse-me que quer muito escrever um livro. Um livro simples sobre o que aprendera. Foi além, afirmando ser o escritor um generoso em essência. Porque partilha o que sabe. Porque permite que outras pessoas participem de suas ideias e de seus conceitos.

Eu a incentivei. E quis saber o que a levara a cursar a faculdade. Ela falou-me de um programa de rádio em que uma senhora que havia se formado aos 90 anos estava dando uma entrevista, contando da sua emoção e dizendo que a idade de aprender, para ela, era qualquer idade. Julia, na época com 60 e poucos anos, sentiu-se uma menina e decidiu concluir o ensino médio e cursar a faculdade. "Gostaria de um dia encontrar essa senhora para lhe agradecer. Ela mudou minha vida com seu depoimento." Conversamos mais um pouco. Ela falou, novamente, sobre o primeiro livro que não quer demorar a escrever e a lançar. Porque quer publicar outros. Tem muitos planos. Muita vontade de viver. Falou-me do marido que morreu cedo. Da ausência de filhos, mas da presença de tantos amigos que ela fizera na faculdade, que ela faz na vida. Conversamos mais um pouco, caminhando. Fui bebendo de sua alegria e ouvindo seus tantos projetos que faziam seus olhos de menina, de menina de 72 anos, brilhar.

Convidou-me para uma festa naquela noite. Agradeci. "Festa", repetiu ela, pronunciando sorridente e com vagar essa palavra cheia de significados. E concluiu: "A vida é uma festa". Concordei. Depende da nossa disposição. E, para isso, não há idade.

A educação de todo dia

Um carro passa com a janela aberta. Alguém joga algo na rua. Fato do cotidiano. Fato feio do cotidiano. Não importa se o carro é de luxo ou não. Se seus ocupantes têm mais ou menos dinheiro, se têm formação universitária ou não. O que chama a atenção é a ausência de cidadania. É o descuido com o espaço público. É o desrespeito ao outro.

Quantas vezes, ao dar a última aula, pedi aos alunos que olhassem ao seu redor. Eram papéis espalhados pelo chão, restos de lápis, papéis de bala, entre outras coisas. Pedia-lhes que pensassem no pessoal da faxina vendo aquela sujeira. Seria correto deixar para o outro o dever de cada um de nós de jogar o próprio lixo no lixo? E, então, juntos, recolhíamos tudo. O resultado era surpreendente. Nas aulas seguintes, não se via mais sujeira pelo chão. Acredito na educação que provoca reflexão e transforma atitudes. Quando nos preocupamos em ensinar as teorias matemáticas ou geográficas, estamos certos. Ou teorias de Química e Física. Ou o apuro para a compreensão das múltiplas linguagens que a arte nos proporciona: teatro, cinema, música, artes plásticas etc. Tudo isso é fundamental para prepararmos os profissionais que comandarão pessoas e organizações. Mas a educação vai além. É o hábito de fazer o correto, no dia a dia, em qualquer situação. É a riqueza de ensinar pelos bons exemplos.

Carros em filas duplas, vagas de pessoas com deficiência ou de idosos ocupadas de forma inadequada, comportamento violento nos esportes, descumprimento das regras, zombaria às pessoas, piadas preconceituosas, ausência de civilidade no trato com o outro. Tudo isso deseduca e compromete as relações humanas. Um filho que assiste a uma atitude não cidadã de seus pais vai imitá-los, certamente. É preciso lhes oferecer, com amor e responsabilidade, água limpa e cristalina para ser absorvida. É nosso dever optar pela verdade, pelo ético, pelo bem comum. Sempre. Pelos bons exemplos que educam, que elevam, que enriquecem a convivência.

O filho da mãe

A mãe é cozinheira em casa de família. Não pensa em aposentadoria, embora esteja perto dos 70 anos. Gosta do que faz. O filho único é advogado. Estudou em uma universidade particular paga pela mãe. Formado há alguns anos, tem clientes importantes. Veste-se bem. Mora em um bom apartamento. A mãe preferiu ficar no seu canto. Um canto distante do trabalho e da vida do filho. Não reclama. Comenta que o transporte público está melhorando. No percurso, tem tempo para pensar, para rezar, para agradecer a Deus por sua vida. Ficou viúva muito nova. Com um problema sério na coluna, quase morreu no único parto. Resistiu e resiste às dores que surgem. Sem lamentos, sem queixumes.

O filho não a visita muito. Diz que falta assunto, que vivem em mundos diferentes. Ele é casado, e a esposa acha estranho ter uma sogra cozinheira. E não acha bom que os filhos convivam com a avó. "Muito rústica", na opinião da nora.

Conheci essa cozinheira. Sua patroa é um encanto e foi ela quem me contou a história do filho. Por acaso, eu também o conheço. Um dia nos encontramos em uma universidade e disse a ele que conhecera sua mãe. Ele corou, constrangido. Pediu-me que perdoasse a simplicidade dela. E buscou todo tipo de desculpas por ter nascido em um lar tão acanhado. Ouvi com tristeza e tentei ajudá-lo. Falei de meu pai que conheci empresário, mas que, antes, fora servente de escola e feirante, e que era profundamente simples. Disse que foi ele o maior mestre que tive na vida. Quisera eu ter a mansidão, a generosidade, a sabedoria de meu pai! Ele ouviu e falou que gostaria muito de tê-lo conhecido. Eu não desperdicei a oportunidade: "Sabe que sua mãe lembra muito meu pai?".

Não os encontrei mais, mas conheço histórias semelhantes. Filhos que se envergonham dos pais, porque frequentam ambientes requintados, têm amigos importantes etc. Tristes árvores que negam as raízes. Sentimentos mesquinhos de quem pouco entende de sentimentos. Saudade de meu pai!

O amor que desafia o tempo

Encontrei, no prédio em que moro, uma senhora sorridente que me disse: "Faça o favor de me dar os parabéns! Completo, hoje, 70 anos". Eu, imediatamente, cumprimentei-a, dizendo que a vida é um dom de Deus. Ela completou: "A vida e o amor, pois faço, hoje, 70 anos de casada!". Quando saímos do elevador, seu marido a esperava. Conversamos um pouco. Falaram de tristes momentos da família. De entes queridos que partiram. Das dores da separação. De algum estranhamento. E, de "mãos dadas", eles se foram. De "mãos dadas", esse é o segredo para o amor que desafia o tempo.

O amor não exige perfeição, exige apenas o caminhar de "mãos dadas". No início, no acender da paixão, há o medo do novo, da mudança necessária. Com o tempo, a surpresa se vai, mas um e outro, inspirados pelo romantismo, aquecem o tempo, surpreendendo. Dizeres de amor nunca fazem mal e mantêm as chamas acesas. Estavam indo à missa, agradecer a Deus por terem se conhecido. E por terem permanecido assim: de "mãos dadas". Depois, as outras celebrações com tantos que frequentam a sagrada convivência. Filhos crescidos acompanhados de seus filhos que, também, já têm os seus. Inspiradores de outras famílias que descendem dessa escolha de vida. Todos no mesmo vagão. Alguns há mais tempo, e outros que vêm chegando. Com o respeito de quem tem um modelo com que aprender. "Que Deus abençoe minha família, tão grande, tão bonita!", despediu-se de mim o marido apaixonado há 70 anos.

Permanecer é desafiador. Quantos casais desistem diante da primeira dificuldade! Quantos optam por destruir os enlaces em busca de aventura! Justificam-se pelo prazer. O melhor prazer está no surpreender o amor. O amor que dá significado à vida. O que vale a vitória quando, ao vencedor, falta a cumplicidade do abraço amado? Quando o prêmio carece de alguém para dividir? Há muitas formas de amor. O desperdício é viver sem amar.

Dignidade no lar

Costumo almoçar, aos domingos, na casa do príncipe dos poetas brasileiros, Paulo Bomfim. É um prazer desfrutar de sua prosa leve. Ouço lições do mestre Nalini e histórias de Lygia, a menina dos contos. Sinto-me um aprendiz privilegiado. Quem cozinha é Lúcia. Uma mulher que encanta pela simpatia e pela alegria de viver. Diz o poeta que é ela a luz que ilumina o seu entardecer.

Num domingo desses, não pude ir. Fui à casa de alguns conhecidos. Era uma reunião de aniversário. A comida era muito boa. Pedi para agradecer a cozinheira. A dona da casa e sua filha pequenina me acompanharam até a cozinha. Agradeci a moça e disse que o risoto estava perfeito. Ela, timidamente, agradeceu. Foi quando a criança soltou: "Mas ela não pode comer, porque mamãe não deixa". A mãe ralhou com a filha e tentou uma explicação: "Ela não está acostumada a comer esses pratos mais enjoados, gosta mesmo é do seu arroz com feijão".

Eu gosto muito de arroz com feijão. E ovo. E couve. E salada. Mas não gosto de gente que destrata gente. Quantas cozinheiras passam por isso! Cozinham para os seus patrões e sequer podem experimentar o prato que fizeram. Triste arrogância. Muro da vergonha que separa quem tem mais de quem tem menos. Imagine impedir alguém – que cuida da nossa vida, da nossa comida, da nossa roupa, da limpeza de nossa casa – de desfrutar da comida que nos prepara. Olhei com tristeza para a lamentável cena. Dei um abraço forte na cozinheira e, mais uma vez, agradeci. E parti. Parti saudoso dos almoços de domingo na casa do poeta. Em que Lúcia faz parte da família. Da minha casa, em que Lu cuida e é cuidada. Alimenta-nos e é alimentada por tudo o que podemos dar a ela.

A semeadura e a colheita

Em uma viagem ao Líbano, participando do 1º Encontro Lebanese Diaspora Energy, organizado pelo Ministério das Relações Exteriores. Uma troca de experiências entre diversos países com descendentes libaneses. O Brasil é o maior deles. Depois, vêm Estados Unidos, Canadá e Austrália.

Há muitas questões sendo debatidas, mas o que me chamou a atenção, mais uma vez, foi a preocupação que todos têm com a educação. Falamos sobre a semeadura e a colheita. Não se colhe o que não se planta. A educação é o plantio. A colheita é o mundo que teremos.

Conversei com algumas crianças libanesas. Inglês perfeito. Estudam em escolas de tempo integral. Estudam, além de árabe, inglês e francês. Em escolas públicas. Perguntei sobre o salário e a formação dos professores. A resposta foi imediata: "Professor merece respeito; não somos nada sem os professores". Os canadenses têm educação de excelente qualidade. Também os australianos. Os Estados Unidos estão em plena reforma de currículo. Querem que a educação básica tenha a mesma qualidade que suas importantes universidades.

E o Brasil? Não podemos dizer que nada foi feito. Hoje, temos quase todas as crianças dentro da escola. Mas pecamos pela qualidade. O professor está longe de ter a valorização que merece. Se entrevistarmos os alunos de ensino médio, poucos dirão que querem ser professores. O salário nada atrativo e as condições de trabalho afugentam quem teria aptidão para o magistério. Que pena! Ser professor é liderar o processo de construção do futuro, é abrir as janelas dos horizontes a serem descortinados pelos protagonistas em formação. É preciso redescobrir esses talentos.

Além disso, estamos longe de termos as nossas escolas em tempo integral. Nossas crianças deixam de aprender, não por ausência de inteligência, mas de oportunidade.

Volto ao plantio e à colheita. Se plantarmos descaso, abandono, injustiça, colheremos apatia, violência, incompetência.

A árvore símbolo do Líbano é o cedro. Dizem que uma de suas principais qualidades é crescer primeiro na raiz para se preparar para as adversidades que virão.

A educação, na família e na escola, é a nossa raiz, a fortaleza que nos fará resistentes e grandes. Preparados para protagonizar a nossa história.

A melhor profissão

Trabalhar é transformar. A nós mesmos e aos universos com os quais convivemos. Trabalhar é participar da responsável tarefa de construir o mundo. Há muitas profissões. Algumas mais conhecidas; outras, menos. Há aquelas que exigem graduação, mestrado, doutorado. Há outras que não. Há algumas em que se percebe, de imediato, o benefício para a sociedade. Outras, somente se refletirmos muito.

E qual a melhor profissão? Qual a mais importante? Qual a que mais contribui para um mundo melhor?

Lembro-me que minha mãe queria que eu fosse médico. "Um médico", dizia ela, "melhora a vida das pessoas". Eu decidi ser professor. Um professor também melhora a vida das pessoas. Um policial. Um engenheiro. Um taxista. Um juiz. Um comerciante. Um enfermeiro. Um artista. Um escritor. Em cada uma dessas e de outras tantas ocupações, temos o poder de melhorar o mundo. Às vezes, os pais se preocupam, demasiadamente, e resolvem decidir qual a melhor profissão para os filhos. Têm os pais o poder e o dever da conversa, dos esclarecimentos, das orientações. Mas o poder da decisão compete a quem há de executar a tarefa. E deve fazê-la com amor e com respeito.

Em todas as profissões, encontramos profissionais que prezam pelas escolhas e escolhem fazer o que é correto. E, em todas elas, deparamo-nos com os que fazem da profissão um tormento para si mesmo e para a sociedade. Imaginem o poder de destruição que tem um jornalista corrupto, um administrador insensível, um promotor de justiça injusto, um motorista irresponsável!

Na arte do trabalho, os artistas precisam estar afinados com suas escolhas e com sua vivência cotidiana. Não existe profissão mais digna ou menos digna. Quem dá dignidade a uma profissão é quem a exerce. Com zelo, com responsabilidade, com consciência de que seu papel no espetáculo da vida é tão importante quanto qualquer outro. Nem mais. Nem menos.

Viva o trabalhador. Viva as mulheres e os homens comprometidos com um mundo melhor.

O poder que não temos

Uma amiga perdeu seu filho, vítima de acidente de carro. Ao encontrá-la, abracei-a carinhosamente. Ouvi sua dor. Acolhi suas razões pelo sofrimento. Entre lágrimas, silêncios e algumas tantas palavras, ela me disse: "Queria ter o poder de morrer no lugar dele, queria ter o poder de trazê-lo de volta. Era jovem demais para morrer".

Eu apenas a abracei e disse algo sobre o amor amado, sobre o tempo rico da convivência, sobre a partida. E fiquei refletindo sobre o que ela dissera.

Quantas mães, se tivessem esse poder, trocariam a própria vida pela vida dos filhos? Quantos amantes fariam isso também? Quem ama, verdadeiramente, sofre com o sofrimento do amado. Mas não temos esse poder.

Somos vulneráveis diante da brevidade da vida. Um acidente. Uma doença. Uma queda. E partimos. E quase sempre não temos sequer o tempo da despedida. Alguns, doentes há um tempo, conseguem fazê-lo. Ou não. A verdade é que, mais curta ou mais longa, a vida escapa de nossas mãos.

Quem tem fé acredita em uma eternidade de amor. Acredita que não somos brinquedos que, velhos ou estragados, são descartados. Quem não tem fé sofre um pouco mais. Mas todos sofrem. A ideia de não mais abraçar o ser que amamos, de não mais conviver, de não mais enlaçar as mãos e os olhares é, certamente, incômoda.

Bem, se não temos o poder de prolongar a vida, usemos um outro poder. O poder de dar significado à vida. De não desperdiçá-la com bobagens e estranhamentos. Quantas escolhas erradas fazemos. Quantas brigas. Quantas mágoas que cultivamos pela ausência de maturidade. Tempo desperdiçado. Poderíamos nos ocupar de contemplar mais a natureza, de dar mais atenção para uma prosa, de poetizar nossa travessia.

A mãe, minha amiga, chorava de saudade, não de remorso. O acidente levou-o prematuramente. Mas, no baú das memórias, ele permanece percorrendo os sentimentos e a mente de sua mãe. E, quando passar a dor profunda, ficarão os encantamentos de um tempo que, embora breve, foi belo.

A nova vida de Alice

Alice é uma mulher feita, dois filhos, faculdade concluída, emprego e sorriso no rosto. Encontrei Alice após uma palestra que ministrei sobre Direitos humanos – infância e juventude. E ela me contou a sua história.

Alice viveu na antiga FEBEM. Foi presa por tráfico. Chegou grávida e sem muita esperança. A mãe mandou avisar que jamais a perdoaria. Alice ficou internada em uma unidade criada especialmente para mulheres grávidas, com berçário e tudo. Ali, resolveu estudar e participou de um projeto que coordenei quando era Secretário de Educação do Estado de São Paulo, que dava emprego e bolsa de estudos para jovens egressos da FEBEM.

Demorou um tempo para reconquistar a mãe. Contou-me de sua emoção quando a viu em sua formatura. O pai da criança, o que fazia com que ela levasse droga, acabou assassinado. Mas Alice casou-se com um rapaz que conheceu na faculdade. Tiveram um filho. E ele cuida do primeiro filho de Alice como se fosse seu. Os dois trabalham. E os dois sabem a importância do exemplo para formar filhos saudáveis, equilibrados.

Cada vez que vejo uma história de superação, fico mais convicto de que precisamos cuidar de verdade das crianças e adolescentes. Prevenir é mais fácil e mais barato do que remediar. Daí a importância de investir em uma educação de qualidade que, como diz o artigo 205 da Constituição Federal, forme a pessoa, o cidadão e prepare para o mercado de trabalho. Mas, nas vidas errantes, precisamos dar uma segunda chance. E essa segunda chance depende da perspectiva que oferecemos a esses jovens. Se, ao sair da Fundação Casa, o adolescente não tiver nenhuma oportunidade, as chances de ele voltar à rota da criminalidade serão muito maiores.

Esse é um tema que diz respeito a toda sociedade. Precisamos de caminhos mais eficazes para o mal que assola nossa sociedade – violência não se combate com violência, mas com inteligência. No País das Maravilhas, Alice dizia: "a única forma de chegar ao impossível é acreditar que é possível". Que a nova vida de Alice seja um exemplo a tantos outros que, por alguma razão, caíram, mas gostariam de se levantar.

Dom Bosco, pai e mestre da juventude

Em agosto, celebra-se o aniversário de Dom Bosco, fundador dos salesianos e um dos maiores educadores de todos os tempos.

Desde cedo, João Bosco alimentava o sonho de ser padre para cuidar daqueles que mais precisavam, daqueles que ninguém se dispunha a cuidar.

"Quando crescer, quero ser sacerdote para tomar conta dos meninos. Os meninos são bons; se há meninos maus, é porque não há quem cuide deles."

Seu conceito de cuidar fez com que ele desenvolvesse um sistema preventivo que considerasse um tripé educacional, para que as crianças tivessem um desenvolvimento saudável. Esse tripé é formado por coração, razão e religião.

O coração é a certeza de que os alunos precisam se sentir amados para que confiem nos educadores e desenvolvam seu potencial. A razão é a transformação do potencial em ato – todo aluno tem inteligência para aprender; faltam, infelizmente, condições necessárias para tanto. E a religião é o que nos liga com a fonte da vida, com a razão e com o coração da nossa existência; é o que alimenta nosso compromisso com o outro. Afinal, somos todos irmãos.

João Bosco enfrentou muitas críticas por sua opção pelos abandonados de afetos, pelos que não tinham condições de sonhar com o futuro.

Ele sonhou e fez. A obra está aí. Os salesianos andam pelo mundo ciosos da responsabilidade de manter viva a chama de seu fundador: educar com alegria e com competência.

Voltemos ao conceito extraordinário de Dom Bosco: "Os meninos são bons; se há meninos maus, é porque não há quem cuide deles".

Muitas cenas de ódio, de violência, de criminalidade seriam evitadas se cuidássemos para que nenhuma criança fosse deixada de lado. Afinal, a educação é a mais importante política pública, porque, quando funciona, alicerça e melhora as demais. E prevenir é bem mais eficaz do que remediar.

A arte de trabalhar com alegria

Trabalhar é sentir-se útil. É ajudar alguém. É melhorar o mundo. E isso é possível em qualquer profissão.

Certa vez, observei, no Mercado Municipal de São Paulo, a alegria de uma mulher que fazia pastéis. Ela tinha consciência de que muitos que ali iam saciavam seu desejo com os quitutes que ela preparava. Ouvi de um motorista de táxi que ele nunca escolheria outra profissão e que, dirigindo, conhecia pessoas e, vez ou outra, conseguia roubar o sorriso de alguém que entrava chateado. Um vendedor de automóveis me contou algumas histórias de realização de sonhos na concessionária em que ele trabalhava. Era bonito demais ver um casal realizando o sonho de ter um carro, o pai comprando um automóvel para o filho, escolhendo, em conjunto, o modelo.

Já ouvi lindas histórias de médicos, de enfermeiros. De pessoas que trabalham para amenizar a dor e o sofrimento alheios.

Convivo com padres e pastores que, ciosos da missão de anunciar o Amor, agradecem a Deus a vocação que professam.

Professores que trabalham com alegria fazem toda a diferença na vida de seus alunos. Agentes de viagem, cabeleireiros, poetas, músicos, artistas. Mulheres e homens que trabalham em casas de família e que respeitam e são respeitados.

Como é bom saber que a profissão abraçada pode ser exercida com alegria.

Há, infelizmente, aqueles que optam pela perversidade e aproveitam o poder que têm para fazer mal a alguém. São trabalhadores amargurados, incapazes de conviver com a alegria e com o sucesso alheios. Tristes derrotados da vida.

Ninguém é feliz destruindo o outro. Quem dá dignidade a uma profissão é quem a exerce com dignidade. O jogador é tão importante quanto o gandula ou o juiz. O diretor da empresa é tão necessário quanto o funcionário da faxina. Arquitetos, engenheiros e pedreiros fazem a obra acontecer.

Que obra boa é poder trabalhar e trabalhar sem prejudicar ninguém. Com alegria.

O difícil encontro do meio-termo

A educação começa em casa. Esse conceito está pacificado. Os pais são os educadores por excelência. São as primeiras referências na vida de uma criança. Depois, vem a escola. E a vida em sociedade. É essa a definição clássica. Entretanto, há agora outro grupo de influência poderoso: a sociedade virtual.

Dia desses, uma mãe me perguntou o que fazer com o filho, que perde boa parte do tempo diante do computador: "Ele não conversa, não gosta de almoçar comigo, não sai de casa. Quando eu cobro, ele diz: 'Enquanto as mães ficam preocupadas com os filhos porque não voltam para casa, você briga comigo porque não saio de casa'".

O que fazer para chegar ao meio-termo, conceito filosófico defendido por Aristóteles, que, dentre outras razões, dizia ser esse o caminho para a felicidade? Nada de exageros, afirmaria o filósofo. Nem a falta. Nem o excesso.

Proibir os filhos de usarem o computador não é o caminho do meio-termo. Deixá-los o dia todo diante dele também não. Há um fator que precisa ser resgatado: o diálogo. Os pais conversam pouco com os filhos. A razão pode ser a falta de tempo ou, pior, de assunto. Os mundos são diferentes e, como não há muita disposição para compreender o desconhecido, a prosa fica empobrecida: "Tudo bem, filho?", "Tudo"; "Tudo bem na escola?", "Tudo"; "Almoçou?", "Já".

O diálogo começa na infância, quando os pais contam histórias para os filhos, quando brincam com eles. É desde cedo que se educa para o "sim" e para o "não". É desde cedo que os limites são recebidos. Mesmo contrariada, a criança vai aprendendo. E a presença dos pais é fundamental. Muitas vezes, a família acha que é a escola que tem a obrigação de ensinar os valores essenciais para a criança. Por melhor que seja uma escola, ela nunca preencherá a lacuna de uma família ausente.

Em tempos de tecnologia, vale lembrar a boa imagem de quando a criança dormia no colo do pai ou da mãe ouvindo histórias. Isso faz bem para os afetos e para a inteligência.

Esperança na vida

Há pessoas que nos elevam e há pessoas que nos diminuem, ensinou o filósofo Immanuel Kant. Há pessoas que vivem da crítica fácil, do pessimismo, do derrotismo. Que veem o que de pior há nos outros e nas paisagens. É do genial escritor Leon Tolstói esta citação: "Há quem passe pelo bosque e só veja lenha para a fogueira". E há quem veja o que de belo há no bosque. Inclusive, as sementes. E saiba que o inverno é apenas uma estação. E que passa.

Conheci, numa ocasião, Dona Djanira. Setenta e sete anos. Voluntária em um hospital que cuida de crianças com câncer. Conta histórias. Algumas, tiradas da literatura universal; outras, da vida. E que rica vida. Lembra-se de algumas crianças que morreram, mas que, antes, riram muito e se emocionaram com suas narrativas. Lembra-se de outras que, curadas, seguiram a vida, com direito a um futuro.

Dona Djanira teve um filho que morreu de câncer. Ela também teve câncer. Venceu uma vez. A doença voltou. Venceu outra vez. E, mais uma vez, adoeceu. Agora, está bem. E não tem medo da morte. Tem medo de perder a esperança na vida. De, talvez, fazer o que disse Tolstói: perder a capacidade de ver o que de belo a vida oferece. Dona Djanira transformou dor em amor e tem um sorriso capaz de envolver qualquer interlocutor. Problemas, todos nós temos – uns, maiores; outros, menores. A questão é prosseguir. Com fibra. Com dignidade e com capacidade de ver.

Dona Djanira é uma dessas pessoas que nos elevam. Um modelo de bravura, de otimismo, de fé. Uma contadora de histórias que fez de sua própria existência uma narrativa inspiradora. Essa senhora-menina, de olhar doce e sábio – que enternece e, ao mesmo tempo, encoraja –, mostra-nos a importância de seguir, ainda que o caminho seja longo e tortuoso. Afinal, sem esperança, não há aprendizado. E, sem aprendizado, a vida fenece.

Barulho de chuva

O silêncio afina as nossas emoções e nos traz imagens que nos servem de alimento. Era o silêncio e havia chuva. Eu estava na casa de uma amiga. Fui ao banheiro e quando voltei ela estava de olhos fechados. Achei que ela havia adormecido e sentei-me com cuidado para não fazer barulho. Decidi esperar um pouco para ver se ela acordaria ou, então, eu deixaria um bilhete.

"Está ouvindo o barulho da chuva"?

"Pensei que você estivesse dormindo".

"Não. Eu gosto de fechar os olhos para ouvir melhor o barulho da chuva".

Essa minha amiga é escritora. Uma senhora escritora. Começamos a discorrer sobre barulhos e sobre o silêncio. O silêncio é depositário de melodias. De singelas melodias. De melodias que nos embalam e que nos preparam para os barulhos. Não podemos evitá-los. Podemos, entretanto, impedir que eles nos desgastem mais do que o necessário. Desperdiçamos a musicalidade do silêncio. Os seus segredos sussurrados. As suas recordações. Disse-me ela de Fernando Pessoa: *Chove. Há silêncio, porque a mesma chuva não faz ruído senão com sossego. Chove. O céu dorme. Quando a alma é viúva do que não sabe, o sentimento é cego. Chove. Meu ser (quem sou) renego...Tão calma é a chuva que se solta no ar (Nem parece de nuvens) que parece que não é chuva, mas um sussurrar que de si mesmo, ao sussurrar, se esquece. Chove. Nada apetece...*

O sussurro das chuvas sempre esteve presente. Seu barulho ritmado. Reaprender a ouvir o seu canto é recordar de momentos que se foram, mas que nos fizeram bem. Fiquei me lembrando da primeira casa em que vivi. E das chuvas. E dos medos quando o trovão desafiava o silêncio. Das lendas que me contavam. Ela me disse de outras. Vive há muito mais tempo do que eu. Tem mais histórias. Tarde agradável aquela. Chovia lá fora e nos aquecíamos com prosa e com silêncio no cômodo que escolhemos.

Uma enxada, a gratidão de Kauany

Era uma formatura na cidade de Mossoró, Rio Grande do Norte.

Há uma tradição de os formandos descerem uma escada. Festa esperada. Celebração merecida. Roupas bonitas. Kauany Sousa quis homenagear os pais, agricultores simples. Desceu as escadas com uma enxada nas mãos. Os pais foram ao seu encontro e choraram juntos. Nison e Creuza moram na Zona Rural e têm outros três filhos. Kauany é a primeira a se formar. Emocionada, ela disse: "Foi uma forma de demonstrar meu carinho, meu amor, minha gratidão por tudo que eles fizeram por mim. Mesmo eu tendo nascido em uma casa de taipa, sem energia, sem nada, eles sempre me deram o cuidado, o carinho, a atenção".

Há algo nobre na homenagem e nos dizeres. O reconhecimento. O respeito às origens. É bonito ver a simplicidade e a correção de valores dos pais. Se faltou muita coisa, não faltou o essencial. Souberam educar. Sabem educar. Da terra, buscaram o sustento. Na terra, aprenderam a tirar as ervas daninhas para ver a plantação crescendo bonita. Bonita é a visão de Kauany. Tem ela o sonho de cuidar dos pais, de retribuir o que eles fizeram, de continuar a estudar e a acreditar que todo mundo pode construir a própria história.

Tenho conhecido histórias semelhantes. Filhos que conseguem o que os pais não conseguiram. Era difícil, há até não muito tempo, filhos de famílias sem condições financeiras chegarem à faculdade. Hoje, é mais comum. E isso é muito bom. Já me emocionei em muitas formaturas, nas quais tive a honra de ser homenageado, ao ver os depoimentos que confessavam: "Na minha família, sou o primeiro a ter um diploma". Há muitos, entretanto, que partem de casa e tentam esquecer as origens. O que é triste. E há os que, como Kauany, levantam a enxada com orgulho do que viveram, do lar onde nasceram, dos afetos que nutriram esperanças e que os trouxeram até ali. Precisamos de mais histórias de gente correta que nos inspirem a prosseguir. Parabéns, Kauany!

O hábito de ser cidadão

Uma senhora de 89 anos está no metrô. Em pé. Segura-se com dificuldade. Há espaço reservado para idosos. A lei garante e a placa sinaliza. Dois jovens estão sentados nesses espaços e fingem estar dormindo. Assim, a consciência pesa menos. Um homem abre o vidro de seu carro, em uma grande avenida, e joga na rua algum lixo que o incomoda. Fecha o vidro e prossegue. E o pior. Há uma criança no carro. Sentada no banco da frente. Tudo errado.

Um casal chega a um restaurante onde há uma fila de espera. O homem saca, discretamente, uma nota de 20 reais do bolso e entrega ao maître para que providencie rapidamente uma mesa. Não gostam de esperar. Nem de respeitar os outros. Uma mãe para o carro em fila dupla esperando o filho sair da escola. Fala ao celular enquanto disfarça o estrago que faz no trânsito. Ignora as buzinas e o olhar atravessado dos outros motoristas. Um motorista fecha o cruzamento atrapalhando uma fila de carros. Buzinam de raiva. Ele finge que não é com ele. Tem pressa. E é folgado.

Quantos outros fatos do cotidiano poderíamos citar que demonstram o quanto estamos longe de exercer o hábito de ser cidadão? Cidadania não é um conceito distante. É prático. Trata de direitos e deveres. Trata do sagrado direito de ser respeitado e de respeitar. Com alguma frequência, lascamos frases como "Este país não tem jeito", "Eita povo mal-educado", "O que falta é ética, é vergonha na cara". Frases que dizem alguma coisa quando são coerentes com quem as diz.

Há um ditado antigo que reza: "As palavras comovem, mas os exemplos arrastam". A construção da cidadania depende do exemplo cotidiano. De todos. Ou isso ou seremos uma sociedade hipócrita que exige do outro o que não é capaz de fazer. E mais ainda, será difícil formar uma geração cidadã com exemplos tão erráticos. Não se colhe laranjas de um abacateiro.

Ele disse bom-dia

Frequento, há algum tempo, uma academia de ginástica do meu bairro. As pessoas que lá trabalham são extremamente competentes e simpáticas. Ao chegar, certo dia, bem cedo, ouvi os funcionários da portaria dizendo: "Ele disse bom-dia". E repetiam quase que atônitos: "Ele disse bom-dia". Entrei na sala de musculação, e os comentários de alguns professores iam na mesma direção: "Que estranho. Ele disse bom-dia".

Gosto da prosa, mas não dedico muito tempo a investigar vidas alheias; entretanto, curioso, quis saber. Contaram-me que um homem, que nunca cumprimentava ninguém, entrou na academia dizendo bom-dia. Apenas uma vez. Mas pegou todos de surpresa. Uma funcionária havia dito que, no início, todos diziam bom-dia a ele. Depois, acharam deselegante incomodá-lo, já que ele não respondia. E, naquele dia, ele, enfim, dissera bom-dia.

Parece estranho um simples dizer causar tanto movimento nos movimentos cotidianos. A ausência de polidez é um desperdício na arte do convívio. As pessoas não fazem parte da paisagem. Elas existem. Gostam de ser acolhidas. O que leva alguém a não retribuir um simples "bom-dia"? Superioridade? Timidez? Contenção de sentimentos?

Ao sair da academia, parei para conversar com os atendentes. Todos muito simpáticos, como já disse. Foi justamente quando o homem estava indo embora. Um atendente lhe disse, "Tenha um bom-dia". Ele não respondeu. Não olhou para trás. E saiu decidido a viver sem essas interferências desnecessárias. Um olhou para o outro e tentaram entender o que acontecera. "Será que ele não disse e nós pensamos ouvir? Será que ele ganhou na Mega-Sena e resolveu, então, dar bom-dia? Mas foi apenas um! Não, o ganhador da Mega-Sena desta semana é de Sorocaba. Certamente, essa não foi a razão". Estranhos comportamentos de quem convive com pessoas. Gestos de gentileza, mesmo os mais singelos, têm muito poder. O poder de nos sabermos frutos da mesma espécie. Da que precisa de afeto.

O meu pai, por favor!

Era a inauguração de mais uma escola. Inauguração de escolas é sempre uma festa. Crianças, famílias, educadores. Vida que se manifesta por todo lado. Mães, pais e responsáveis felizes porque poderão confiar àquela escola o que têm de mais precioso: seus filhos.

Havia, antes da fala das autoridades, um coral pronto para cantar e para dizer com os olhos e os gestos e as vozes quanto estavam felizes. Antes que a apresentação iniciasse, uma menina olhou para mim e disse: "O meu pai, por favor!". Eu quis saber melhor. "Seu pai não veio, está trabalhando, é isso?". Ela respondeu enfática: "Não! Ele está aqui. É que ele está lá atrás. Deixe ele vir aqui na frente, por favor, por favor!". Concordei: "Claro, quem é seu pai?". Ela o apontou, e eu fiz sinal para que ele se aproximasse. Ele pareceu tímido e agradeceu com as mãos, permanecendo no mesmo lugar. Eu disse, então, à menina: "Vá até lá, pegue nas mãos do seu pai e o traga até aqui. Ele pode sentar aqui na frente". A menina não se conteve de alegria e foi saltitando buscar o pai. O pai, muito jovem, chegou, agradeceu e ficou sentado vendo a filha cantar.

Outros pais estavam ali vivendo, com seus filhos, um dia feliz. Lembrei-me da alegria dos olhos de meu pai nas muitas ocasiões em que ele me acompanhou. Fiquei olhando para a menina que cantava, olhos fitos apenas no pai. Ela queria cantar para ele.

Filhos gostam de cantar para os pais. Pena que muitos não tenham essa percepção. As ausências dos pais na vida dos filhos cobram um preço caro. Escolas não substituem famílias. Por melhores que sejam. E estamos falando de sementes. De seres em formação. De alicerces para o mundo com que ainda ousamos sonhar. Com mais respeito, mais beleza, mais bondade.

Em cada inauguração, agradeço a Deus pelo privilégio de ser educador e de viver, no meu dia a dia, esta experiência humana de cuidar do humano jeito de crescer.

O território sagrado da saudade

Estava em um evento numa escola quando crianças, lindamente, apresentavam-se cantando "Que Nem Jiló", de Luiz Gonzaga: *Se a gente lembra só por lembrar/O amor que a gente um dia perdeu/ Saudade inté que assim é bom/ Pro cabra se convencer/ Que é feliz sem saber/ Pois não sofreu.* O coral tinha uma dança e foi envolvendo a plateia. Alunos e professores cantavam juntos. Bonito de se ver. Bonito de se viver. Foi quando uma professora me disse da saudade do amor que se foi. Eu ouvi, no meio do burburinho bom, sua história de despedida. "Por que as pessoas vão embora?", disse sem talvez desejar uma resposta. "Por que não dá para voltar no tempo?". Como outros professores falavam comigo, eu tentava dar atenção. E pensava no que dizer. Ela me deu um abraço forte e agradeceu por ouvir seu desabafo. Eu lhe disse que a saudade ocupava um território sagrado dentro de nós. Que o fato de não podermos voltar no tempo não significa que não possamos reviver, nas nossas lembranças, os tempos bons. E agradecer.

Pessoas que amamos partem. Faz parte da vida. Partem por razões diversas. Partem involuntariamente porque a eternidade chegou prematura. E a morte cobra a sua dor. Partem porque resolveram que ficar não era bom e quiseram experimentar outros enlaces. A angústia de ser trocado incomoda. Mas passa. O tempo ajuda a reorganizar os sentidos. O compositor diz mais ou menos isso em sua canção: *Porém se a gente vive a sonhar/ Com alguém que se deseja rever/ Saudade, entonce, aí é ruim/ Eu tiro isso por mim/ Que vivo doido a sofrer.* Ela contou que seu amado partira por decisão e que, um dia, quis voltar, mas ela disse "não". Mas não sabe se fez o certo. E completou: "Vou ficar com a canção do Gonzaga, *Saudade, o meu remédio é cantar.* Sorriu e se foi. Boa dica.

Remoer o passado não nos ajuda muito. Amplia as dores que já vivemos. Por outro lado, lembrar o que foi bom e partir em busca de mais, "cantando", porque assim deve ser, já que a arte inspira a viver melhor, é um bom refrão. *Saudade, o meu remédio é cantar.*

Sobre o sorriso

Em visita ao Hospital A. C. Camargo, vi e senti, mais uma vez, o significado do verbo "cuidar". Médicos, professores, funcionários, voluntários. Gente que entrega a vida a cuidar de gente. Ali, vivem, nas crianças, as dores da doença e os sonhos de vencê-la. O hospital dedica-se à pesquisa, à ciência e ao que há de mais sofisticado para salvar vidas. Os atendimentos impressionam em número e em qualidade. Conversei com alguns pais e vi a gratidão deles a essa gente que cuida e cuida bem de seus filhos.

Os professores que ali trabalham têm um perfil todo especial. As aulas ocorrem nas salas ou nos quartos ou onde for necessário para roubar o sorriso de uma criança e ajudá-la a exercer a criatividade, a inteligência, nessa fase difícil. Brincam. Ensinam. Animam o ambiente. E fazem daquele espaço o altar do seu ofício.

Ser professor é irradiar vida mesmo em vidas abaladas por circunstâncias alheias à nossa vontade. Alguns estão lá há muito tempo. Há outros que chegam e precisam entender as especificidades do lugar. Confidenciou-me dona Genoveva, antiga voluntária do A. C. Camargo, que, ao entrar certa feita numa sala, viu uma jovem emburrada. Quis saber quem era, qual o seu problema. A moça respondeu que não havia problema algum e que era a nova professora. Então, dona Genoveva explicou: "Seja bem-vinda, minha filha. Mas, aqui, você tem que sorrir". E deu as razões. Aprofundou-se no tema da vida. Algumas vidas se despedem ali. Outras são recuperadas para seguir. A Medicina evoluiu muito e o potencial de crianças curadas é enorme. Mas, nessa fase da travessia, precisam elas de pessoas de fibra e capazes de sorrir.

Saí do hospital sorrindo e pensando no ensinamento daquela senhora. Algumas histórias me fizeram chorar. Um dia, vou partilhá-las. Fazem bem à nossa vida. Nossos problemas ficam menores. Crianças lindas aquelas. Fizeram minha caricatura. Escreveram sobre meus livros. Guardarei para sempre. Além dos presentes, ganhei ensinamentos. "Aqui, você tem que sorrir."

Cecília e a arte de ser bondosa

Cecília quer ser cantora. É o que ela mesma me disse. Cantora e defensora das crianças. Ela conhece muitas que sofrem muito. Cecília tem 4 anos.

Era um evento em uma escola para falar do combate ao mosquito *Aedes aegypti*. Houve apresentação de teatro para explicar os riscos de não combater possíveis criadouros. Houve distribuição de cartilhas. Muitas explicações foram dadas sobre o que cada um pode fazer para proteger a vida, a saúde das pessoas. Mas foi Cecília quem mais me chamou a atenção.

Disse ela: "Eu nasci bonita, feliz e com saúde. Meu irmão também tem esse direito". Com a voz decidida prosseguiu: "Água parada não pode. Não pode", insistiu.

As atividades prosseguiam e eu fiquei reparando em Cecília. Ela conversou comigo, falou dos problemas do mundo. Explicou que as crianças não podem apanhar dos pais. E que os pais que bebem são os que mais batem. E que bebida não é coisa boa. Falou dos alunos que não obedecem aos professores. E explicou que faltou a eles a educação de casa. Ela ia dizendo e dizendo e a professora ao lado olhava com orgulho para a aluna. Eu queria saber mais. Perguntei sobre os seus pais. Ela disse que a mãe estava chegando e que o pai não vivia com elas. "Fez a sua escolha", ela disse. E não faz tanto tempo assim. Mas ela compreende. Quem precisa da sua força é a mãe, que é linda, fez questão de frisar.

E a mãe chegou e Cecília foi correndo ao seu encontro. E a trouxe para me conhecer. A mãe espera um filho. Está quase chegando. Cecília beija a barriga grande e me explica que também nasceu dali. E que por isso ela está preocupada com as famílias que não tomam conta do próprio quintal. O irmão tem que nascer com saúde. Perguntei sobre o nome e ela mesma respondeu: "Francisco". E me explicou que gosta muito do santo que gostava dos animais.

Enquanto falava, ficava abraçada à perna da mãe. A mãe a acariciava nos cabelos. Olhei aquela fotografia. Fiquei imaginando a partida do pai. Elas pouco falaram sobre isso a não ser a explicação de Cecília, "ele fez a sua escolha".

A mãe me disse que o filho deve nascer em alguns dias. E que está muito feliz apesar dos problemas. "Quem não tem problemas?", completou Cecília.

Eu elogiei a menina e a mãe me disse que ela educava a filha com uma única preocupação, "que ela seja bondosa". E continuou dizendo que o resto era mais fácil. As conquistas na vida dependem de esforço, de compreensão, de pessoas que aparecem e nos ajudam porque são boas. A mãe elogiou a escola e a professora. A professora falou do prazer de ter alunos e alunas como Cecília.

Essa narrativa pode até parecer ingênua. Todo mundo feliz com o que faz. Não. A vida é dura e nos deparamos com pessoas ruins o tempo todo. Há muita mentira, agressividade, violência. Não é à toa que Cecília disse que crianças não podem apanhar dos pais. Ela deve saber de histórias assim e conviver com crianças que, desde cedo, tropeçam nos tropeços dos adultos. Ela já sabe dos riscos das drogas. Tudo isso aos 4 anos. Porque tem uma mãe ciosa de suas responsabilidades. Que também experimentou a partida de um amor. Mas nem por isso fechou as janelas da alegria. Cecília, Francisco e Maria. Maria é a mãe. "E que mãe!", explicou a professora.

Cecília, na sua tenra idade, deu a bonita explicação para cuidar dos quintais. As crianças têm direito à beleza, à saúde, à felicidade. Nos nossos quintais não deve haver agua parada por causa do mosquito, mas nos nossos quintais também não deve haver lixos que colocam em risco o nosso futuro. Lixos produzidos pelo nosso comportamento e pelo nosso pouco apreço pela vida. Limpemos os nossos quintais, e os jardins da entrada serão mais acolhedores para pessoas boas que ainda existem por aí.

Quem sabe um dia encontremos Cecília cantando nos palcos da vida. Cantando e defendendo o direito das crianças.

E por falar em amor

"Eu já disse que te amo?". Foi essa a frase que deu início ao esfriamento do amor. Quem disse foi um homem apaixonado por uma mulher. Ela respondeu. "Eu também te amo".

Poderia ter terminado assim. Poderiam ter aproveitado o enlevo da poética das frases e iniciado outros escritos. Mas ele, inseguro, prosseguiu: "Eu sei que você não me ama como eu te amo. Eu sei que sempre, em uma relação, um ama mais do que o outro". Ela ficou ouvindo e não disse nada. Ele continuou: "Por que você não disse nada? Porque concorda comigo, não é?" Ela disse: "É você quem está dizendo, meu amor!" Ele não se satisfez: "Esse 'meu amor' não foi natural, foi forçado. Eu te conheço bem".

Ela tentou dizer alguma coisa, mas a ânsia das teorias dele não lhe deu espaço, e ele pontificou: "Eu sei que, na vida, a gente só tem um grande amor. E eu sei quem foi o seu grande amor. E sei que não fui eu. Já, no meu caso, você é meu grande amor. É por isso que eu não te cobro nada. Nada. Eu entendo isso". Ela respondeu: "Nossa, você tem muitas certezas, e isso me sufoca um pouco".

A conversa continuou. Terá a relação sobrevivido? Por que sabotamos instantes preciosos de nossa vida? Por que sabotamos a felicidade? Por que buscamos problemas quando tudo parece bem?

Poderíamos pensar que, se essa mulher fosse mais enfática na resposta, talvez ele se aquietasse. Se ela dissesse que era ele o seu grande amor, o problema teria sido resolvido. Mas por que ela é obrigada a dizer o que ele decidiu ser o texto adequado para se provar que há amor? Por que ele pode ter teorias robustas sobre "amor único"? Por que ele a conhece mais do que ela mesma?

Há histórias que findam por sufocamento. Um dos dois não consegue sentir saudade, porque o outro não deixa. Os desejos vão se realizando sem esforço algum e, sem esforço algum, perdem a razão de existir. E o cotidiano que poderia ser desafiador torna-se indesejado.

Uma história de amor é sempre um desafio porque não controlamos os sentimentos dos outros nem os nossos. Não temos esse poder. E nos enganamos com frequência. Misturamos amor com obsessão. Lemos sinais que não existem. E, por outro lado, desistimos do que não precisaríamos desistir com medo do fracasso. Com medo de que o amor já tenho ido embora. E o amor estava ali, do seu jeito, por vezes um pouco tímido, mas ali.

Buscar pessoas perfeitas nos leva ao solitário mundo das esperas. Não que não se possa cultivar o amor dos amigos, das ideias, dos sonhos comuns. Há muitos que se realizam assim. Mas aos que buscam uma alma para serenar a sua, é preciso compreender que o amor idealizado, como diz o nome, mora no mundo das ideias. A pele que vemos é frequentada por cicatrizes e queimaduras, tem saliências e tons que nem sempre são os mesmos. Ou nos apaixonamos por ela ou é melhor folhear rostos em livros, cujas expressão e espessura não mudarão.

A resposta ao "eu te amo" foi o que aquela mulher pôde dar àquele homem. Do seu jeito. Com o seu tom. Banhado com o olhar que ela possuía no momento. Era isso que ele poderia desfrutar em vez de se lambuzar em dúvidas desnecessárias. "Será que ela me amará amanhã?" Era o que o angustiava. Quem é o dono do amanhã? Quem sabe quem deixará de amar primeiro?

Regras não há. Quem entra nas águas do amor sabe do risco que corre, mas sabe das sensações únicas que esses banhos proporcionam. Nada, sem nada garantir. O instante vale, aos nadadores, prazeres especiais. E se um dos dois sair primeiro das águas, o tempo haverá de secar o necessário. E se houver um pouco de coragem, quem sabe surja outro amor para mais um banho! Sem comparações. Bocas abertas para muitos dizeres atrapalham as braçadas dos nadadores. E, nessas águas, afogamentos não são bem-vindos.

"Eu te amo" é nobre demais para ser desperdiçado.

Laços de menina

Valéria estuda em uma escola pública. É falante. Expressiva. Tem luz nos olhos. Fomos apresentados pela diretora da escola, logo depois de ela recitar um lindo poema. Disse-lhe que o poema era lindo. Ela concordou: "Sim, porém, triste". Perguntei, então, a razão do poema. Respondeu-me que o mundo era assim. Ela, aos 7 anos, foi tecendo seus comentários sobre a vida. Vida dura a de Valéria. Muitos irmãos. Poucos recursos. O pai não consegue deixar de beber. Com ar de quem entende das coisas, explicou-me que ele não tem o mesmo empenho para trabalhar como tem para ir ao bar. Ouvi atento.

Ela prosseguiu falando da mãe. A mãe era seu laço maior com o futuro. A sua inspiração. A mãe trabalha muito. Nem sempre consegue ir à escola ver a filha dizer seus poemas. Foi o que entendi. "Quando pode, vem", explicou. Mas os laços no cabelo são feitos pela mãe. Logo cedo. Antes do trabalho. Ela arruma filho por filho. Os dois meninos. E as três meninas. Todas com laços e fitas alegres. Encaminha-os para a escola. E vai trabalhar. Quando voltam da escola, ficam com a avó. Que gosta de contar histórias. E que incentiva Valéria a ser professora. A profissão mais nobre do mundo.

À noite, volta a mãe. Deixa na entrada os embates duros da vida. No despedir do dia, só tempo para curtir os filhos. Vez ou outra, vai até o bar e traz o marido. Ainda não desistiu dele. Explica que beber tanto assim é uma doença e que, um dia, há de vir a cura. Tudo isso ela me falou olhando nos olhos. Gostaria de conhecer sua mãe. Maria. Maria é forte e suave. Fiquei imaginando o seu amanhecer. O seu cuidar. O seu labor. O seu prazer. Há de ter algo de muito especial essa tal Maria. Valéria não me disse o nome do pai. Também ele deve ter seus acertos. E a avó, como será?

Cada aluno traz para a escola seu mundo, que é sempre interessante. Seria bom se pudéssemos conhecer. A diretora estava emocionada com a desenvoltura de Valéria. E eu feliz em estar ali, alimentando-me de esperança.

Lágrimas de alegria

Sou da teoria de que homem chora. E é bom que chore. Que chore de dor. Que chore de emoção. Que chore de saudade.

Um homem, um menino, de nome Sérgio dos Santos Santana, do interior do Piauí, filho de um pedreiro e de uma empregada doméstica, entrou na Faculdade de Medicina da Universidade Federal do Piauí. Imaginem os três chorando juntos! Sérgio acreditou na própria capacidade e foi em busca de seu sonho. Ser médico. Amenizar a dor de tantos que choram.

Um outro choro. Um choro que, também, haverá de acompanhá-lo. Nunca me esqueço de uma vez que entrevistei o Dr. Adib Jatene e lhe perguntei se ele chorava quando tinha que, por exemplo, dizer a uma mãe que o seu único filho havia morrido. Ele me respondeu que sim, que chorava nessa e em outras situações. Quando um paciente ficava curado, também chorava. Dizia que um médico sem emoção não é capaz de exercer, dignamente, o seu ofício.

O jovem Sérgio começa uma nova etapa de sua vida. Valente, não aceitou limitações que as condições financeiras ou as distâncias de centros maiores pudessem impor. Foi além. Estudou com afinco. Estudará com afinco para que sua vida mude muitas vidas.

Assim que soube da aprovação, ligou para o pai. Choraram juntos. A simplicidade daquela família ajudou a forjar o caráter do futuro médico. Que ele continue assim. Orgulhoso dos pais que não tiveram a oportunidade de estudar, mas que o criaram para o voo certo.

Há um longo caminho, ainda, a ser percorrido para que a nossa educação melhore, mas histórias como essas nos enchem de esperança. Estamos mudando. É o que narra o lindo filme da Anna Muylaert, Que horas ela volta?, quando a filha da empregada entra em uma universidade. Já o filho da patroa, que estudou em colégios renomados, não. A diferença é que, assim como Sérgio, a garota estudou. O filho da patroa, não. Parabéns, Sérgio. Parabéns, senhor Hamilton Santana e senhora Marizete dos Santos. Que as lágrimas de alegria aqueçam vocês.

Vai dar tudo certo

Contou-me um amigo esta história. Conto-a, agora, a vocês.

Estava ele em uma farmácia, aguardando para comprar remédios. Pensava distante. Olhava para dentro de si mesmo e lamentava o diagnóstico. Teria de se medicar. Teria de mudar alguns hábitos. Seria preciso cuidar da saúde. O tempo passa e cobra o seu preço. Pensava também em outras coisas. Na avó que estava doente e que já não reconhecia as pessoas que dela se aproximavam. Pensava em um amigo que se acidentou em uma moto e que ainda aguardava sua vez de se submeter a uma cirurgia e salvar sua perna. Problemas da saúde pública, pensava ele no calor. E tentava se lembrar em que lugar lera que esse verão será mais quente do que o outro. Sempre gostou do calor, mas, com tantos problemas, mudou de opinião. Não havia espelhos para que visse sua expressão. Não percebera se, de fato, o seu olhar revelara alguma coisa. Foi quando uma senhora se aproximou e disse:

– Vai dar tudo certo.

– Como? – ele quis saber.

– Vai dar tudo certo. Às vezes, demora um pouco. Não é no nosso tempo. Mas vai dar tudo certo.

Ele não expressou grande reação. Olhou para aquela mulher com as pernas grossas, cheias de varizes, acima do peso, um pouco suada, e com uma beleza nos olhos de dar gosto.

– Vai dar tudo certo? – ele perguntou.

– Vai sim. No fim, dá certo. É preciso apenas um pouco de paciência, filho.

Filho. Meu amigo não tem mãe. Tem apenas avó. Fazia muito tempo que ninguém o chamava de filho. E com aquela candura no olhar. Ficou pensando nos problemas daquela mulher. Seria bom se ela operasse as varizes. Voltou a pensar no amigo. Talvez ela também esteja em alguma fila, aguardando a sua vez. Pensou em dizer a ela que deveria cuidar melhor da alimentação. Excesso de peso não faz bem. Ainda mais no calor. Desistiu de dizer esse texto. Nem sabe de onde tirou essa ideia.

– Cada um tem uma doença, filho. Às vezes, imaginamos que só nós temos problemas. Os problemas são democráticos. Pertencem a todos.

– É que uns são maiores do que os outros, a senhora não acha?

– Não sei, filho. Só sei que sempre dá certo para quem é bom. E você é bom.

– Eu sou bom? Como a senhora sabe?

– Seus olhos.

Roubou-me um sorriso aquela mulher. Sorri sem receios. Sorri em retribuição ao afeto. Paguei os meus remédios, abracei aquela mulher e voltei para o meu mundo. Naquele dia, pelo menos, meus pensamentos viajaram para outras paisagens.

Minha avó, que agora diz pouca coisa, dizia que nossa ansiedade faz com que soframos antes de o sofrimento chegar. É preciso aguardar. E acreditar que vai dar tudo certo. Fico pensando em quantos sofrimentos nos atingiram pelos medos dos sofrimentos que nem vieram. Quantos sorrisos desperdiçados por não conseguirmos limpar os nossos pensamentos. Vão eles se acumulando de desnecessárias preocupações. Está nos evangelhos a linda reflexão sobre as aves do céu e os lírios do campo. Não se preocupam com o amanhã. E tem o que comer e se vestem com uma beleza sem igual. Evidentemente, temos de planejar nossa vida com responsabilidade. Mas sem exageros. Sem excessos de lamentações pelo que não veio ou pelo que poderá não vir.

Pedágio do amor

Crianças não deveriam ser tristes. Não deveriam experimentar a dor antes de criarem anticorpos na alma para isso. Com o tempo, vamos criando esses anticorpos. Combatemos os vírus da frustração, da desilusão, da traição e tantos outros com o tempo e com as experiências acumuladas de uma vida dual. Dual: bem e mal, bondade e perversidade, verdade e mentira, humanidade e sua ausência.

No palco da vida, contracenam atores de todas as escolas. Alguns são intensos, outros fingem estar. O tempo nos mostra que, depois da subida íngreme, pode haver uma deslumbrante paisagem. O tempo nos ensina que, depois da chuva, o sol que vem é mais bonito. O tempo nos acorda para a compreensão de que os perversos não são regra, mas exceção – gosto de acreditar nisso.

Crianças não têm esse acúmulo de tempo. Não têm o calo necessário de mãos que precisam construir relações e espaços.

Crianças não deveriam ser tristes. É isso o que penso.

Estava em uma casa de conhecidos, depois de uma palestra. Era um final de semana e eu havia falado para professores de uma capital do Nordeste. Encontro festivo. Reflexões sobre o nosso ofício de educar e de cuidar de crianças. Terminado o encontro, fui a essa casa. Ofereceram-me um almoço. Um jovem casal. Ele, diretor de uma faculdade; ela, consultora de marketing. Dois filhos. Um brincava e corria de um lado a outro. O outro andava com alguma dificuldade. Fazia um tratamento intenso para combater um câncer que lhe roubava forças e expectativas de um futuro.

O pai, profundamente carinhoso, brincava com os dois. Um corria, como já disse. O outro caminhava a passos lentos, carregando um equipamento que o mantinha tomando um tipo de soro. Mas ele tinha de pagar pedágio toda vez que passasse perto do pai. "Pedágio do amor", sorria o pai. E o filho o beijava. E quando passasse, novamente, outro beijo. Ali havia o pacto do pedágio do amor. "Você tem que pagar, meu filho." E prosseguia: "O bom é que você é muito rico, há muito amor em você".

A mãe ocupava-se de preparar o que iríamos comer.

O pai falou-me pouco do tratamento do filho. Disse do tempo de internação em São Paulo. Elogiou o hospital, os médicos, os enfermeiros, os voluntários. Confidenciou-me das tristezas que os assaltam desprevenidos: "Vez ou outra, acordo de madrugada e me pergunto: Por quê?". Repostas não há, e ele sabe disso. Faz parte do nosso estar no mundo. Não planejamos a doença, a morte. Não planejamos a dor. Mas ela insiste em nos provar a provar que somos fortes.

São fortes aqueles pais que se revezam no acender as velas de esperança daquela criança. Havia luz naquela casa. Certamente.

Pedi também ao menino que me pagasse o tal pedágio do amor, já que ele era tão rico. Ele sorriu. Lindamente. A ausência de cabelos não roubava a beleza daqueles olhinhos azuis cheios de vida, quando pedíamos o pagamento a ele. Abraçou-me e deu um beijo carinhoso.

Almoçamos juntos. Éramos dez ou doze pessoas naquela casa. Conversávamos um pouco sobre cada coisa.

Os pais falavam da vida. Vida era a refeição principal das manhãs daquela família. A cada dia, ganhavam um dia. Quantos dias terão juntos? Ninguém sabe. Há alguns que partem sem doença alguma e há outros que enganam as doenças para continuar pagando o pedágio da existência: o pedágio do amor.

Canção de Misericórdia

Cássia é uma contadora de histórias. Professora dedicada, encontrou nas histórias um caminho para despertar sentimentos e atitudes. Muitas histórias começam com "Era uma vez". Há, na esfera dos afetos, espaços para acolher essas histórias. Lembranças de embalos infantis ou adultos. De marcas que foram ficando. De pessoas, talvez, que nos surpreenderam com seus ditos fabulares ou reais. "Era uma vez" poderia, vez ou outra, não ser. Como é o caso da história contada por Cássia dia desses. Éramos um grupo de educadores sentados, atentos ao seu enredo. E ela começou. Poeticamente, entoou seu canto de misericórdia, lembrando a dor de um índio Pataxó que foi morto em Brasília.

Isso já faz algum tempo, mas ainda mora em nossa memória. Um índio de nome Galdino Jesus dos Santos foi até Brasília para a comemoração do dia do Índio, no dia 19 de abril de 1997. Conversou com autoridades, fez as suas reivindicações, cantou o seu canto em defesa dos seus e, depois, escolheu um canto para descansar. Sem grandes exigências, adormeceu em um ponto do ônibus. Poderia ter sonhado um sonho tranquilo. E a história poderia começar assim: Era uma vez um índio que foi até a capital do país para tratar dos direitos do seu povo ou, então, era uma vez um índio que foi celebrar o seu dia e depois adormeceu para recobrar as forças e voltar para os seus. Mas a história não foi essa. Um grupo de jovens que estava desocupado, segundo eles próprios, resolveu se divertir. E buscaram uma diversão que consideraram original: colocar fogo em quem dorme em algum canto. Disseram que a intenção não era a de matar. Era apenas a de assustar. De incomodar. De queimar. Disseram tantos ditos contraditórios e desnecessários!

E continuou Cássia emocionando a todos nós e supondo ter sido ela a professora desses jovens e se perguntando o que ela poderia ter feito e não fez na educação desses moços para evitar atitude tão horrenda. Emília, professora, formadora de professores, também estava lá. Tomou a palavra e confidenciou que, na época, era aluna de Paulo Freire. E que o mestre chorou quando soube da morte do índio. Chorou por pelo menos duas razões. Chorou por um irmão seu, da mesma natureza humana, que partiu prematuramente diante da criminosa ação, mas chorou, também, por ser educador e por se perguntar onde estamos errando ao não conseguir educar nossos alunos para os valores mais significativos da vida humana. Sim, a esses jovens faltou o respeito à vida, o respeito ao outro, a misericórdia. Misericórdia é uma palavra belíssima que se origina do latim. Misericórdia vem de *miseratio* que é derivado de *miserere* e significa compaixão, piedade. E vem de *cordis* que é derivada de *cor* e significa coração. Um coração compassivo ou piedoso. Um coração que tem compaixão ou, em outras palavras, que sofre com a dor do outro. Se tivessem sido educados corretamente, esses jovens chorariam antes com a simples ideia de colocar fogo em alguém. Onde estavam os seus educadores? Pais, professores, inspiradores de vida?

Muitos outros acontecimentos perversos marcaram e marcam os nossos tempos. Mas a lembrança de Paulo Freire, querendo entender a nossa função de educar corretamente, é muito significativa.

Não podemos mudar o passado. Mas a vida segue. Quem sabe no amanhã, quando contarem histórias dos nossos dias, o "Era uma vez..." tenha cores menos foscas. Quem sabe sejamos nós, educadores, os responsáveis por mudar o mundo. O mundo que habita cada aprendiz. Que também nos ensina. E que de nós é dependente na construção de suas escolhas e aspirações.

A professora Cássia nos tocou em um canto sagrado em que habitam razão e sentimento. É esse o papel da arte da contação das histórias. Comover e mover. Saí daquele encontro, encontrando mais razões para prosseguir, fazendo história e provando, a mim mesmo e aos meus irmãos, que as rasuras não podem destruir o lindo texto que é a escritura da vida. E que nós, professores, somos escritores por excelência. Das vidas que hoje, preparam-se para o hoje e para o sempre.

Era uma vez um grupo de professores que resolveu resistir aos perversos e prosseguir professando o amor como a mais linda profissão de fé. Paulo Freire, o mestre que inspirou Cássia, que foi professor de Emília e que deixou um legado para o mundo já nos ensinou "Eu sou um intelectual que não tem medo de ser amoroso, eu amo as gentes e amo o mundo". Misericórdia, portanto!

Quem deve se envergonhar?

"Tenho vergonha de confessar que meu marido bate em mim", disse-me uma mulher. "Vergonha do meu casamento fracassado. Vergonha de criar justificativas para as marcas que ele deixa no meu rosto e no meu corpo."

Palavras fortes de um forte calvário. Vergonha, fracasso, violência. Será que é ela quem deve se envergonhar? Por que é tão difícil denunciar um companheiro?

Continuei ouvindo-a. Há duas crianças no enredo. O desfecho, diz ela, não é tão simples. Não quer que os filhos tenham um pai preso. Não quer que saibam do que ele é capaz, embora desconfiem. Certamente sabem, pensei eu. Sabem e também se incomodam, mas são muito pequenos para agir. Tentou conversar com a sogra que disse que também apanhou e que, agora, o marido já idoso não encosta mais nela. Aconselhou-a a ter paciência, um dia, ele também deixaria de agredi-la. Perguntei se gostaria de passar a vida apanhando à espera do envelhecimento. Ela chorou. Disse que fez promessas. Que orou. E que não adiantava. Falamos sobre oração e sobre ação humana. Difícil invadir o outro e decidir por ele. Mas impossível ficar passivo diante de um ato covarde, criminoso. Entre convicções e dúvidas, ora parecia decidida, ora apequenada em carências. Foi textual sua colocação: "Ele bate em mim, mas pelo menos me toca". E prosseguiu falando de conhecidas que foram abandonadas por maridos que sequer as tocavam. Contei histórias de despedidas antecipadas, de mulheres assassinadas pelos companheiros, de vidas reduzidas a nada. E ainda há os filhos. Filhos do medo ou da esperança?

Essa é uma entre tantas mulheres que demoram a tomar consciência de que nenhum homem tem o direito de humilhá-las, agredi-las, violentá-las. Algumas decisões são dolorosas, mas as dores são necessárias à vida que virá depois. É assim no parto. E nos tumores que precisam ser arrancados para evitar a morte. Paciência tem limite. Vida também. Por isso, não se pode desperdiçá-la com quem não a dignifica.

A ternura de meu pai

Meu pai era um homem terno. Gostaria de estar com ele. Gostaria de ter tido o poder de prolongar o tempo. O tempo das prosas de tantos entardeceres. Juntos. Infância regada a exemplos. Gentileza natural nascida na crença de que o outro merece sempre o nosso melhor.

Calvários doloridos os de meu pai. Foi preso, injustamente, na época da ditadura Vargas. Trabalhou com afinco. Primeiramente, para ajudar os pais. Limpou escolas, plantou em hortas, vendeu na feira, trabalhou no comércio, virou comerciante, empresário, construtor. Não teve oportunidade de estudar. Estudou, entretanto, a alma humana, com tamanha delicadeza e paciência que se formou mestre na área complexa de compreender que o outro merece ser respeitado.

Sofreu meu pai pela morte de dois filhos. Chorou a inversão da lógica. Um morreu aos 21 anos, acidente de carro. O outro de complicações no pulmão, aos 33. Tinha síndrome de Down. Era o centro da casa. Alegria contagiante de quem não tem economia em expressar os sentimentos.

Era profundamente religioso. Gostava do sagrado. Das celebrações eucarísticas. Da comunhão com os seus irmãos. Da reza silenciosa em sua cadeira de balanço. Esta é uma das lembranças mais lindas que tenho dele. Rezando. E eu, cheio da curiosidade de criança, queria saber o que ele pedia a Deus, em oração. Ele fazia segredos, sorria, dizia que eu fizesse o mesmo e que deixasse meu coração ir dizendo, apenas isso. "Deus escuta o nosso coração", dizia-me ele, com um sorriso generoso. O coração é a metáfora do que se sente. De onde dói. Do que faz bem. Dos sonhos que servem de combustível para prosseguir.

Meu pai era um homem bom. Soube partilhar o seu dinheiro. Dizia que Deus fizera dele um velhinho rico e que era preciso cuidar dos velhinhos que não tiveram a mesma sorte. Ainda hoje, na minha amada terra natal, Cachoeira Paulista, há o Asilo dos Vicentinos que ele construiu.

Meu pai era um homem trabalhador. Com o tempo, comprou um sítio e, ali, plantava café. Gostava da terra. De plantar e de colher. Um dia me confidenciou que pedia a Deus que não o deixasse em uma cama enfermo, como seu irmão mais velho. Era triste demais viver sem trabalhar. E que queria morrer trabalhando. E, assim, ele foi. Depois de um casamento. Depois de uma festa. A partida. Dolorosa partida. Rápida como ele queria. Difícil para os que dele se alimentavam de sua ternura.

Falo de meu pai como exemplo de um amor que nos molda. Cada um tem sua história afetiva com seus próprios pais. Alguns sofreram mais com pais violentos ou ausentes ou, estranhamente, pouco amorosos. O amor é elo sem o qual a engrenagem familiar não funciona. Mas mesmo os que lamentam os erros dos pais, em algum momento, podem mergulhar nos seus acertos. Ninguém erra ou acerta o tempo todo. Conheço filhos que lastimam, o tempo todo, os erros dos pais. Que contam histórias de alcoolismo e de exemplos desagradáveis. Mas e os afetos? E os bons momentos que, não raro, ocorreram? A memória não pode abandoná-los. Até mesmo o sentimento de falta do pai, que muitos devem estar sentindo, é um indício de que há o desejo de que, ao menos, "aquele momento" estivesse ainda presente.

No dia dos pais, símbolo que nos ajuda a refletir, valem alguns dizeres aos pais que estão por perto. Se falta dinheiro para o presente, vale a presença de palavras que agradecem, que celebram, que reconhecem. Vale a presença de gestos de amor. Se eu pudesse, abraçaria longamente, meu pai, neste dia. Se eu pudesse, deitaria em seu colo e brincaria com ele para ver qual das mãos é a maior: a dele ou a minha. Ele tinha mãos grandes. E eu dizia que, um dia, as minhas seriam maiores que as dele. E brincávamos de medi-las. Ele sempre ganhava. Na época de sua morte, repetimos emocionados "nossa" brincadeira e eu lhe disse que as dele continuavam maiores. Ele piscou, sorriu e disse que, há algum tempo, percebia que eu dobrava um pouco os dedos para que a mão dele continuasse maior. Mas que ele tinha muito orgulho de saber que as minhas mãos eram maiores que as dele. Que, para um pai, isso não era um problema. E que sonhava que eu continuasse crescendo. Nas mãos, no caráter, na vida e nos sonhos de construir um mundo melhor. De ser bom. De ser uma pessoa de bem.

Meu pai compreendia as minhas inquietudes. Ouvia os meus lamentos. Celebrava as minhas conquistas. Pai é assim. Presença que acalma e que alimenta de vida a vida dos seus filhos. Um filho que nega os pais é como árvore sem raiz. Nutrimo-nos do solo que nos gerou e devemos a ele voltar sempre na presença dos nossos pais ou na memória do que eles em nós plantaram.

Tento reproduzir a sua ternura. Sou ainda um aprendiz.

Ao meu pai José
Pai querido, é pena que já partiste
És saudade presente
Do tempo que, na minha mente,
Ainda existe
Os teus olhos tão vivos, tua mão, que suave
Conselhos constantes e os gestos marcantes
De quem ensina sem desanimar
Tua voz tão segura e plena de amor
Caminho infinito de quem, qual num rito
Toma cuidado para não deixar dor
Caminhas comigo, em cada momento
Vives ao meu lado em qualquer ação
Orienta meus passos teu ensinamento
Inteligência não vive sem o coração
Tu és simples sapiência, bondade, és motor
Princípios eternos, valores presentes

Prolongam no tempo o belo exemplo
O teu grande valor, sempre sem medida
Valor de oração, de trabalho diário
Suave encanto presente na vida
E teu romantismo: único amor
Exemplo de vida, marcante, constantes
Meu jamais esquecido, poeta sonhador
E teu romantismo: mamãe era rosa
Flor e princesa, único amor
Exemplo de vida, marcante, constante
Meu, jamais esquecido, poeta sonhador
E teu romantismo: mamãe era rosa
Flor e princesa, único amor
Exemplo de vida, marcante, constante
Meu, jamais esquecido, poeta construtor
Pai querido.

O dom das lágrimas

Dia desses, ouvi uma mãe explicando ao filho que "homem não chora". O menino de 3 ou 4 anos fazia de tudo para não chorar, mas não conseguia. Passava os bracinhos miúdos sobre os olhos que insistiam em gotejar, tentava limpar o nariz, que também participava da dor, e nada. E a mãe agia com mais vigor, alertando: "você é um homem. E homem não chora!".

Quem será que criou essa teoria? Quem separou o gênero humano entre aqueles que podem e aqueles que não podem chorar? Homem chora, sim! Homem é razão e emoção como a mulher. Homem chora de dor, de saudade, de felicidade. Homem chora as dores da alma, é um direito inegável a qualquer ser humano. Jesus chorou diante do sofrimento da família de Lázaro. Sabia que tinha o poder de ressuscitá-lo, mas a situação daquelas irmãs inconsoláveis diante da perda o emocionou, e ele chorou. Uniu-se à nossa humanidade e chorou.

Na educação dos filhos, não poucas vezes, as famílias cobram de uma criança a postura de um adulto. Criança é criança. Tem inseguranças próprias de criança. O adulto tem as suas. Os medos talvez sejam diferentes. Mas todos têm medo. Meninas e meninos também têm diferenças como as mulheres e os homens. Mas têm muito em comum: choram, emocionam-se, amam. É para isso que fomos criados.

Fiquei imaginando por que aquele menino estava chorando. E fiquei pensando nos erros que algumas mães e pais cometem quando querem transformar os seus filhos em heróis. Os pais não são heróis. Por que os filhos haveriam de ser?

Vez ou outra, é necessário sentar-se diante de um filho e chorar com ele. Pai ou mãe. Contar alguma história das tantas pedras que surgiram no seu caminho. Mostrar os fracassos e as possibilidades de superação. Porque os seus filhos passarão por histórias de fracassos, também. Todos passam. E o problema não será a queda, será a ausência da aprendizagem de que quem está caído pode se levantar. E pode chorar quando da queda. E pode chorar quando da superação da queda.

Meu pai chorava muito de emoção. Ele se foi. Minha mãe ainda chora. E eu choro também. De dor, de tristeza, de alegria. Em casa, nunca tivemos constrangimento em chorar. Nas partidas ou nas chegadas. Como é bom viver sem máscaras. Como é bom ter uma família que nos ajude a viver sem ter medo das nossas emoções. Na minha casa, sempre fomos muito unidos. Em todas as situações. Meus pais me ensinaram a ter compromisso com a verdade. Não havia mentira entre nós. Se algo de ruim acontecesse, chorávamos todos juntos.

É essa a referência de "família" que permeia minha vida, minhas ações. Minha força. Meus sentimentos. Talvez por isso a reação daquela mãe tenha me causado estranhamento. Talvez por isso tenha escrito este texto. Precisamos nos respeitar. Somos todos passíveis de erros. Quem determinou que precisamos ser perfeitos e fortes o tempo todo? Fraquejar é humano. Chorar, também. Vamos nos permitir. Afinal, foi-nos dado um dom. O dom das lágrimas.

Respeito Muito o Homem que Chora

Há um tipo de choro bom e há outro ruim. O ruim é aquele em que as lágrimas correm sem parar e, no entanto, não dão alívio. Só esgotam e exau-

rem. Uma amiga perguntou-me, então, se não seria esse choro como o de uma criança com a angústia da fome. Era. Quando se está perto desse tipo de choro, é melhor procurar conter-se: não vai adiantar. É melhor tentar fazer-se de forte, e enfrentar. É difícil, mas ainda menos do que ir-se tornando exangue a ponto de empalidecer.

Mas nem sempre é necessário tornar-se forte. Temos que respeitar a nossa fraqueza. Então, são lágrimas suaves, de uma tristeza legítima à qual temos direito. Elas correm devagar e quando passam pelos lábios sente-se aquele gosto salgado, límpido, produto de nossa dor mais profunda.

Homem chorar comove. Ele, o lutador, reconheceu sua luta às vezes inútil. Respeito muito o homem que chora. Eu já vi homem chorar.

Clarice Lispector (1967)

A força do bem

Tenho vivido momentos de profunda beleza na minha vida de educador. Em cada creche que tenho a oportunidade de inaugurar, como Secretário Municipal de Educação, vejo os olhos de esperança e a gratidão de pais que sabem que os seus filhos terão as oportunidades essenciais para o desenvolvimento de suas habilidades. Vejo as crianças sorrindo ainda surpresas com as novas descobertas. E vejo os professores ávidos por exercerem o ofício da generosidade.

Professores ciosos da responsabilidade com a vida e com a história dessas crianças. Professores que se multiplicam para cuidar, para apresentar a novidade do aprender, para estimular, para caminhar juntos. Que bela profissão! Que escolha feliz!

Convivo, também, como todas as pessoas, com algumas que amanhecem aborrecidas pela vida sem significados. Detestam a felicidade dos outros. Praguejam contra o sucesso. E agem como seres venenosos, prontos para encontrar vítimas inocentes. São violentos com armas ou com palavras. São covardes que pensam em alimentar-se com a dor alheia. Mas não percamos muito tempo com esses seres infelizes. Não podem ter eles autorização para destruir nossa paz.

É preciso acreditar na força do bem. É preciso ter olhos de ver a bondade que nos surpreende a cada dia. Se há médicos insensíveis, há outros que fazem da sua profissão um permanente alívio na dor e na insegurança de tantos. Se há passageiros deselegantes nos ônibus e nos metrôs, há aqueles que cedem o seu lugar aos mais velhos, que se preocupam com as pessoas com deficiência, que cuidam para que ninguém seja atropelado em momentos de mais movimento. Se há injustiça na justiça, há operadores do direito que jamais negligenciam do poder e da responsabilidade que têm com a história de vida dos que a eles se achegam. Se há filhos que abandonam os pais, há outros que deles cuidam sem pestanejar. Ao contrário, amam sem economias aos que, sem economias, os amaram.

Fala-se muito de policiais truculentos. E há. Mas é preciso reconhecer o caráter de tantos que não negligenciam os valores básicos do respeito e da retidão na profissão de cuidar da segurança de seus concidadãos. E assim acontece em outras áreas. Em outras profissões. Em outras relações.

Como é bom encontrar pessoas boas! Como é bom com elas conviver. É um combustível de esperança que nos recarrega para prosseguir. Gentis criaturas que nos sinalizam que, se há escuridão, no caminho logo à frente há luz. E é por isso que não se pode parar.

Dia desses, conversando com uma mulher que trabalha em uma escola, contou-me de sua alegria em preparar a refeição para as crianças. Disse do prazer em ver aquelas meninas e meninos se juntando, felizes, para comer. O prazer em alimentar os afetos dos filhos dos outros, já que o seu único filho ela perdera, vítima de uma doença que chegou e que nem deu tempo para despedidas. Com lágrimas nos olhos, ela me disse que era preciso prosseguir.

Outro dia, uma professora que colocava os seus alunos pequeninos para dormir, um a um, contou-me da emoção que sente ao saber que, ali, eles estavam protegidos. Lamentou sobre crianças espancadas em lares doentes. E disse querer dedicar a vida às crianças porque já havia se desiludido demais com os adultos.

Viveu a violência na própria casa e em casas alheias.

Aprendemos com os exemplos de bondade, mas também aprendemos com os perversos. Nas cenas cotidianas, se prestarmos atenção, recolheremos histórias que poderão iluminar as nossas.

Gosto de observar as pessoas e de me permitir o poder do encantamento. Desde criança, a violência sempre me horrorizou. A falta de educação, de gentileza, as palavras ditas em tom errado, a mentira, o engodo. Cuidei para que esses não fossem os meus referenciais e para me convencer que ser bom é o melhor caminho para se chegar à felicidade.

Sou grato aos professores que tive nas escolas em que estudei e aos professores da vida que me abrem os olhos, quando esses se cansam. Que me mostram as mãos enrugadas, mas valentes. Que me provam que o amor existe. Em cada canto. E que resistem aos que querem emudecer a bondade. Não conseguirão jamais. Basta olhar para o passado. De quem a humanidade se orgulha? Dos jogadores de pedra ou dos construtores do templo precioso que é o ser humano?

Fazer o bem vale a pena. O bem é durável, frutifica. O bem é amoroso, alimenta. Uma vida inteira. Várias vidas. Ensinou-nos Francisco de Assis, o que jamais deixou de acreditar no Amor, o que iluminou e ilumina as manhãs mais cinzentas desta nossa casa maior: *Apenas um raio de sol é suficiente para afastar várias sombras*. Que o Irmão Sol nos aqueça!

Sobre a paciência

Uma das frases que ficaram na minha caixa de memórias dentre tantas outras ditas pelo meu saudoso pai é: "Tenha paciência, meu filho". Meu pai era um homem paciente. Era um homem generoso. O tempo foi seu bom companheiro. Ele envelheceu com sabedoria. E fez de tudo para que nós pudéssemos compreender que a paciência nos ajudaria a navegar, com mais leveza, a nossa nau.

Vejo com perplexidade o tanto de irritação que assalta as pessoas. De coisas corriqueiras a ações covardes. Da buzina desnecessária ao desrespeito com a demora de alguém. Da tentativa de levar vantagem furando a fila ao ataque nada correto nas redes sociais. O outro me irrita por alguma razão. Será que a irritação vem do outro ou das ausências de pensamento, de reflexão, de enredo da minha própria vida? A incapacidade de conviver com pessoas diferentes me torna um ser violento. Assistimos, recentemente, a cenas bárbaras de pedras jogadas em seres humanos. Irmãos nossos. Até onde vai a nossa intolerância! A que ponto chegamos! Nos tempos de absolutismos, senhores podiam valer-se da vida de seus servos. O ódio religioso, social, político, entre outros, já martirizou mulheres e homens bons. Não tiveram a paciência sequer de tentar entender as razões das acusações. Lançaram ao fogo ou pregaram na cruz ou lançaram fora a cabeça ou apenas fizeram desaparecer os que pareciam representar algum perigo.

Falamos, hoje, em dignidade da pessoa humana, em evolução, em respeito ao outro, em convivência pacífica. E, na prática, reproduzimos erros do passado. Meu pai nunca perdeu a fé. Era simples e grande. Foi se fazendo aos poucos. Foi construindo sua trajetória em cima do solo da dor e do afeto. Bebo dessa água e partilho da sua fé. Apesar de, muitas vezes, ficar impressionado com os estranhamentos que nos fazem tão pouco humanos.

Lembra de mim?

Ouço com alguma frequência esta pergunta: "Lembra de mim?". Às vezes, lembro. Às vezes, não, como todo mundo. Fico um pouco preocupado em responder que não lembro. Acho deselegante, afinal, a pessoa vem com tanta expectativa que não me parece correto desapontá-la. Mas também não gosto de mentir. Então, fico revirando minha caixa de memórias para tentar identificar o meu interlocutor. Exatamente como na divertida crônica de Luis Fernando Veríssimo: O grande Edgar. Entretanto, nessa história, a confusão era ainda maior, pois o interpelado não era quem o interpelador pensava que fosse.

De qualquer forma, quando sou surpreendido com a fatal pergunta, costumo sorrir, esperando que a pessoa diga, naturalmente, de onde nos conhecemos. Algumas me salvam nessas embaraçosas situações, dizendo: "Lembra de mim? Fui seu aluno na PUC!". Ufa, fica mais fácil.

Dia desses, um homem me abordou e demorou a dizer de onde nos conhecíamos. Ele falou: "Professor, não tem como o senhor se lembrar de mim. Fui seu aluno no Colégio Friburgo, em Santo Amaro, há mais de 20 anos. Eu era um adolescente e nunca mais me esqueci de suas aulas". Contou-me algumas histórias que eu contava, lembrou-me de alguns projetos. Fiquei comovido. Disse-me ele que tinha muitos medos e que eu fui significativo em sua transformação.

Sou muito grato por esse ofício de ser professor. Não sei com quantos alunos, em todos esses anos, tive a honra de conviver. Sei do poder que temos quando entramos em uma sala de aula e nos deparamos com mulheres e homens carentes de espaços e de orientação para que protagonizem a própria história. Lembro-me de professores inesquecíveis que me alimentaram de futuro e que me ajudaram a compreender que eu poderia fazer escolhas corretas. Ao final da conversa, agradeci o carinho e disse-lhe que, agora, seria eu a não me esquecer de sua gratidão. Coisas da vida. Como diria Guimarães Rosa, *Mestre não é aquele que ensina, mas quem de repente aprende*.

Faz diferença, sim!

Gosto de correr na rua, em São Paulo. Gosto de cumprimentar as pessoas e de, ao final da corrida, gastar algum tempo com alguma prosa não combinada.

Era domingo, corri no Minhocão e depois subi um pedaço da Consolação até chegar à Maria Antônia, rua de tantas lembranças para nossa democracia. Foi quando uma senhora bem vestida, acompanhada de outra também muito elegante, abordou-me dizendo que eu precisava avisar o prefeito de que a cidade estava muito suja.

Como eu estava correndo, diminuí o ritmo, dei alguma atenção e prossegui. Ela falou algo que não ouvi, e eu virei para ver se era comigo que continuava a falar. De repente, vi a senhora que clamava pela limpeza da cidade jogando no chão a embalagem de uma barrinha de cereais. Não tive dúvidas. Voltei e peguei o lixo, fazendo algum barulho para que ela notasse. Ela me viu abaixando e foi logo justificando: "Eu só joguei no chão, porque a cidade está suja, se não, não jogaria, mas um papelzinho não faz diferença". Eu não quis ser grosseiro. Achei que ela já ficara suficientemente constrangida pela falta de educação. Respondi, educado: "Faz, sim". E continuei correndo. E pensando em como é difícil fazer com que as pessoas reflitam sobre suas ações. Exigir do poder público é mais fácil do que agir corretamente. Criticar. Falar em ética. Em cidadania. Em respeito aos espaços públicos. Parece simples. Dar o exemplo no dia a dia é um pouco mais complicado. Mas é disto que precisamos. Fazer com que esse clamor pela ética, pela honestidade, converta-se em atos concretos. A educação tem um papel fundamental nessa mudança de comportamento. Querer levar vantagem, mentir, tentar dar um jeitinho na solução de um problema, tentar corromper, furar fila, jogar papel no chão... tudo isso faz diferença, sim!

A cidade gasta 1 bilhão por ano para recolher o lixo que jogamos nas ruas. Há cidades no mundo que nem lixeira têm. Nem lixo. Cada um leva o que produziu no bolso ou numa sacola e deposita no local certo, sabendo que é preciso cuidar da casa em que vivemos. Para nós e para os que virão.

A construção do conhecimento

Tenho vivido lindas experiências de construção de conhecimento a partir das vivências dos meus alunos. Acredito que todo professor deva se preparar para as aulas. Deva ter um caminho previamente refletido para caminhar com seus alunos. Por outro lado, todo professor deve ter a abertura para o novo. No caminho, surgem paisagens inesperadas. E não há por que ter medo delas.

Em uma aula para o curso de direito, uma aluna, logo no início, disse que estava muito triste. Eu ouvi o lamento, mas continuei o que havia preparado. Falava de Kelsen e de alguns aspectos do positivismo jurídico. A aluna, inconformada, protestou:

– Poxa, Chalita! Você não se incomodou com a minha tristeza?
– Sim, vamos falar depois sobre isso.
– Depois, não. Eu quero falar agora!
– Agora?
Olhei para os quase 90 alunos que lotavam a sala.
– Agora!

Ela insistiu. E prosseguiu.

– Para de falar o que você está falando e fale o que todo mundo quer saber. O que todo mundo quer entender.

Perguntei:

– E o que todo mundo quer saber?

Ela foi taxativa:

– Por que é que homem não presta? Sim, por que homem não presta?

– Homem não presta?

– Não presta, professor! Posso contar o que o meu namorado fez comigo?

Sem que eu dissesse "sim" ou "não", ela se entusiasmou a falar e, ao final, exclamou:

– E o pior é que é o oitavo namorado que faz isso comigo. O oitavo!

– Sei.

Antes de qualquer reflexão, um aluno pediu a palavra e eu consenti.

– Tudo bem que tem homem que não presta. Mas tem mulher que não presta também. Posso falar da minha ex-namorada?

Àquela altura, só podia dizer que sim.

Passados esses desabafos, aproveitei para explicar a paixão. A aula era de Filosofia do Direito. E o tema da paixão interessa tanto à Filosofia quanto ao Direito. Dez mulheres são assassinadas por dia no Brasil em crimes passionais. São maridos, amantes, ex-maridos, ex-amantes, namorados, padrastos, tios, amigos que se acham no direito de "matar por amor".

Convidei os alunos a fazer uma reflexão sobre o conceito de paixão na obra O Banquete, de Platão. Falamos de Penia, deusa da penúria, e de Poros, deus do engenho. Da fragilidade e da fortaleza da paixão. Falamos de algumas histórias de paixão da literatura e da vida. O triste desfecho de Tristão e Isolda. O amor projetado de Dante em Beatriz. As cartas de dor e de amor de Soror Mariana do Alcoforado. Trouxemos exemplos recentes amplamente divulgados pela mídia para compreender o que dá a alguém o direito de destruir o outro ou os sentimentos do outro. E, ainda, o que faz com que alguém insista em repetir os erros do amor, sem amor.

Brinquei com minha aluna. Seriam os homens que não prestam ou suas escolhas que não prestam? Por que insistir nos mesmos erros? Por que mendigar afeto?

Falamos de Sartre e da genial obra Entre quatro paredes. "O inferno são os outros", porque projetamos nos outros a nossa realização. E isso é injusto conosco mesmos.

E voltamos para Kelsen. Para o conceito de justo e de injusto. Para o diálogo tão necessário entre o saber e o viver.

Os professores não têm de temer essa fascinante experiência de construir o conteúdo a partir da vida. Evidentemente, não se pode vulgarizar o conhecimento. Não teria sentido se eu colocasse em votação as questões iniciais: homem não presta?; mulher não presta? O conteúdo ajuda a percorrer com mais pertinência esses tênues caminhos da vida.

É preciso usar o conhecimento para iluminar a vida!

Bom domingo

Desde criança, ouço histórias de que o domingo, no final do dia, é sempre um pouco melancólico. "É um entardecer estranho!", dizia uma jovem que sonhava com casamento e que morava na minha cidade. "É solitário, é como se a semana estivesse acabando e, com ela, acabassem as chances de algumas coisas novas acontecerem", lamentava ela. Eu argumentava, dizendo que a semana acabava no sábado. Domingo era o início. E todo início nasce com alguma possibilidade. Lembro-me de um padre que falava sobre isso. Que dizia que era bom, depois da missa, ter retreta para alegrar a noite de domingo. Coisas do interior.

Ouvi gente dizendo que a melancolia do domingo vem da consciência de que o fim de semana acabou e de que tudo recomeça na segunda-feira. Ficava pensando eu, "Mas quando se trabalha no que se gosta, isso não é um problema". O tempo foi passando, e eu fiquei com a impressão de que essa melancolia era coisa do interior. E de que, nas grandes cidades, com mais opções, o domingo era uma festa. Teatro, cinema, shopping, shows musicais, encontros interessantes. Foi quando, numa roda de amigos, ouvi alguns desabafos semelhantes àqueles da cidade de onde vim. Final de domingo é melancólico, final de domingo é quase uma dor.

"Dor"?! Perguntei um pouco chocado. "Dor do quê? Dor, por quê?" Ficaram se entreolhando e talvez imaginando que a minha pergunta não fizesse muito sentido. Que era óbvio que essa tristeza do crepúsculo dominical vinha sem ser convidada. Insisti. E eles ainda em silêncio. Então, uma amiga disse: "Vamos fazer compras?", e outra retrucou: "Prefiro um cinema, o tempo passa mais rapidamente".

Querer que o tempo passe mais rapidamente é não compreender sua grandeza. Cada tempo é tempo de existir sem descrenças, sem desistências. Sejam domingos sem luar ou quintas-feiras promissoras. Não importa. Reinventar as ações é prova de compreensão da vida. Cada dia tem o seu tempero.

Fiquei lembrando quantas pessoas que conheço e que aproveitam o domingo para fazer algum trabalho voluntário. Visitas a hospitais, asilos, abrigos, comunidades carentes. Contadores de histórias, fazedores de bolos ou de outras comidas. Operários das boas ações. Boas ações fazem aqueles que visitam amigos que, por alguma razão, sentem fome de gente e para quem só a solidão é presença frequente.

Para muitos, o domingo é um dia santo. Rezar nos preenche dos melhores sentimentos. Ajuda-nos a refletir sobre o que fizemos e sobre o que necessitamos para que nossa ventura na vida tenha um sentido. Muitos sentidos. Rezar ajuda-nos a ficar um pouco com as nossas feridas e com as lembranças de futuros com que sonhamos.

Não é proibido sonhar aos domingos. Nem nos outros dias.

Mãe

Dia das mães. Todos os dias.

A sensibilidade, por vezes, parece ter tirado férias. Tristes relações sem relação com o que necessitamos. Buscamos no outro o que nos falta e não enxergamos o outro como essência vital do nosso viver. O outro não pode ser a projeção do meu desejo. Um objeto, apenas. O outro é humano como humano sou eu. Dependentes de encontros que nos ajudem a encontrar quem, de fato, somos.

Dia das mães.

Dia de voltar ao útero e de tentar entender a razão de estarmos aqui. Dia de refletirmos sobre o existir humano. Sobre o que nos estraçalha e o que nos edifica. Mapeemos as razões que ontem nos fizeram mal ou bem. Frustrados ou realizados.

No útero, estávamos protegidos pelo cordão do amor. Nutridos, mesmo sem entender, do que nos fez crescer. Formados, nascemos. Em busca de mais formação. No útero, a possibilidade. No útero, a segurança. O aconchego.

Embalados por histórias e por promessas, fomos crescendo. Nossos choros, talvez, tenham incomodado um pouco. Nossas dores possivelmente trouxeram dores a ela, a gestadora. Somos crias de seu espírito guerreiro. De sua coragem em amar. Definitivamente, amar é um ato de coragem.

E então, fomos nos tornando independentes e arriscando voos solos. Sentimo-nos, em algum momento, imortais, imbatíveis, senhores de nós mesmos e, talvez, dos outros. E, certamente, caímos. Porque ninguém é dono disso tudo. Caímos e choramos o choro doído da verdade. Da realidade que nos mostra frágeis. E, então, voltamos. Nos dias mais duros, talvez o desejo tenha sido o de retornar ao útero materno e nutrir-se, simplesmente, do que nos formou, o alimento maior – o amor.

Dia das mães.

Sem poder voltar ao útero, voltamos ao colo. E deitamos a cabeça, ávidos por algum remédio que cicatrize as feridas das quedas, ávidos por algo que nos certifique de que aquele colo é nosso por direito. Vitoriosos ou derrotados, daquele colo, ninguém nos retira. E ali, podemos rir sem preocupações de que outros nos julguem mal ou tenham inveja de nosso sucesso. E ali podemos, também, chorar sem constrangimentos, afinal, ela sabe que somos frágeis e talvez, inclusive por isso, ela nos ame ainda mais.

Dia das mães.

Presentes são bem-vindos. Mas elas esperam um pouco mais. Um suspiro que seja de presença. Um esforço de reviver histórias de ontem com nenhuma preocupação pelo escurecer. Juntos, a noite não nos amedronta.

Dia das mães.

Algumas choram porque tiveram de enterrar seus filhos. Tiveram de arrumar o quarto vazio. Tiveram de viver a inversão da lógica da vida – se pudessem, dariam a vida para que eles, aqui, prosseguissem. Prosseguem eles, certamente. É o que nos desvela nossa fé.

Mães que choram por filhos que se perderam. Visitam-nos nas prisões ou nos espaços em que vícios e dores são tratados.

Dia das mães.

Todos os dias.

Para aquelas que ainda estão por perto e para as outras que já cumpriram a sua missão. Depois da dor lancinante da perda, fica a delicada saudade. E, nos baús de afetos, lembramo-nos de histórias, de momentos, de palavras ditas e de sorrisos ternos.

Aos que, como eu, ainda têm por perto a sua mãe, não economizem um minuto sequer para declarar de diversas maneiras e nas mais frequentes ocasiões: "Mãe, eu te amo".

Mãe. Eis o milagre da vida. Eis o milagre do amor.

Mãe é mãe.

É tão fácil e tão difícil. É tão prazeroso e tão doloroso. É emocionante. Cada tombo e cada levantada. Cada lágrima e cada aplauso. Ser mãe é fácil e difícil. E ser filho, mãe, é a coisa mais fácil do mundo. Basta ficar olhando para a mãe, olhando e, de repente, com um sorriso, dizer com todas as forças da alma: Mãe, eu te amo.

Mãe, você tem o dom inexplicável da vida.

Você sintetiza, de maneira igualmente inexplicável, as tendências mais contraditórias da natureza e da vida.

Você é a mulher que, sendo forte, estremece com o gemido de uma criança e, sendo frágil, consegue reagir com a bravura de uma leoa.

Você é a mulher que se realiza sendo mãe e, sendo essa mãe tão maravilhosa, torna-se plenamente mulher.

Acordes de esperança

Há uma esperança sendo acordada nas terras do Irã. Um país que teve uma das civilizações mais sofisticadas do passado viveu e vive tempos em que a liberdade é como aquela flor do poema de Drummond. Aquela flor que nasceu na rua. Fala o poeta das cartas que não foram escritas nem recebidas. Fala dos homens que voltam para casa e do tédio que abate a cidade. Ausência de liberdade.

Uma flor ainda desbotada
ilude a polícia, rompe o asfalto.
Façam completo silêncio, paralisem os negócios,
garanto que uma flor nasceu.
É feia. Mas é uma flor. Furou o asfalto, o tédio, o nojo e o ódio.

Na época em que Carlos Drummond de Andrade escreveu esse poema, o mundo vivia sufocado entre as duas grandes guerras, e o Brasil estava mergulhado na ditadura. "Tédio, nojo, ódio" referem-se à opressão, ao ar rarefeito da autonomia. Parecíamos estar condenados a nunca mais compreender o sentido da paz. Viver em meio a medos não é viver.

Voltemos ao Irã.

O governo moderado (é o que parece) de Hassan Rouhani convidou para o renascimento da Orquestra Sinfônica de Teerã – uma das mais antigas da região e que havia sido encerrada por conta da dureza do regime – o maestro Alexander Rahbari que vivia no exílio desde 1970. Um dos maiores nomes da música de seu país, ele regeu orquestras pelo mundo todo, mas longe de casa. Forçadamente, longe de casa. "Uma flor furou o asfalto" em um país que ainda vive de proibições. Há muitos céticos quanto ao início da abertura no Irã. Crimes contra os direitos humanos continuam sendo cometidos. A liberdade de expressão está longe de encontrar eco por lá. O medo frequenta os jovens que viveram dias horríveis quando alguma esperança surgia.

Há um filme de Richard Raymond, *O dançarino do deserto* (2014), que conta a história de Afshin Ghaffarian, um iraniano rebelde que desafia as leis e obedece ao chamado interno de sua vocação, a dança. Dança no deserto de um povo oprimido. Sofre as consequências. Encontra apoio em outros jovens feridos, no corpo e na alma, por quererem viver. O dançarino mora, hoje, em Paris, assim como o maestro, que foi morar na Áustria. Fizeram sucesso, mas longe de casa. E como é triste viver longe de casa. Como é triste viver de culpas e de medos. Saber que há algo que o dominador determina e que o dominado não tem sequer o direito de compreender. Os regimes totalitários de qualquer lugar, sob qualquer justificativa, negam o que de mais belo o ser humano tem, sua individualidade, seu jeito de ser único no mundo que o faz criativo e criador. De textos da escrita ou da vida, de acordes de músicas ou de primaveras que surgem para mostrar que o frio está indo embora. Dor e amor. Livremente. Chamas incandescentes de esperança que iluminam um lugar ou uma história. Com multidões de compositores. Afinal, convence-nos Almir Sater,

Cada um de nós compõe a sua história
Cada ser em si

Carrega o dom de ser capaz
De ser feliz.

"Uma flor furou o asfalto", e a orquestra deu os seus primeiros acordes. E acordou, quem sabe, a liberdade. Tocaram a Nona sinfonia de Beethoven. As mulheres estavam de véus. Algumas, ao violino, reclamavam que o véu atrapalhava a performance. Mas estavam lá. As flores demoram um pouco a desabrochar. Não há de se ter a ingenuidade de acreditar que a volta de uma orquestra resolva todos os problemas de um país. Drummond também não acreditava nisso quando rabiscou o poema. Trata o seu texto de opressão, de tristeza, de incompreensão diante da maldade dos que usam o poder para sufocar qualquer nota que entendam destoante. Nada entendem os que oprimem sobre a diversidade de possibilidades dos sons, das canções, das notas. Notam nada da tristeza que provocam. Perdem a capacidade de compaixão. Desconsideram a dor do outro. O poeta sabia disso tudo, mas vislumbrava uma saída.

Os tons desacertados do Irã repetem-se em outros países e no nosso também. Desacertamos todas as vezes em que oprimimos o outro, por qualquer razão. Mas, também por aqui, uma flor é capaz de furar o asfalto e de anunciar nossa capacidade de compor uma melodia melhor, uma história construída por livres e apaixonados protagonistas. Afinal, o que se quer, por lá e por aqui, é mais simples do que convenções e proibições: "Ser feliz"!

De mãos dadas

O presente é tão grande, não nos afastemos. Não nos afastemos muito, vamos de mãos dadas.

("Mãos Dadas", Carlos Drummond de Andrade)

Relacionamentos são a base da vida em sociedade. Relacionamo-nos o tempo todo, em todos os ambientes que frequentamos. Como somos diferentes, temos reações diferentes nos diferentes momentos da nossa vida. Não somos previsíveis. Mesmo quando repetimos alguns comportamentos, estamos expostos a surpresas e não imaginamos como vamos agir. Nos momentos em que os problemas não parecem tão significativos, conseguimos caminhar sem grandes percalços. Mas quando surgem as adversidades, somos, muitas vezes, vítimas de desejos que não controlamos com tanta facilidade.

Muitos pais se preocupam com a inteligência dos seus filhos. Alguns têm conclusões apressadas, comparando irmãos. Julgando que um filho é mais inteligente do que o outro, porque tem mais facilidade para essa ou para aquela matéria, ou porque é capaz de memorizar textos, ou números, ou dados. Estudos recentes descartam essa métrica de definição de quem é mais ou menos inteligente. As inteligências são múltiplas. E os múltiplos momentos da vida é que oportunizam suas manifestações.

Há uma base de conteúdos que se imagina necessária com a qual cada aluno, em cada etapa da vida, deve trabalhar. Nas diversas profissões também é assim. Há instrumentos que nos permitem trabalhar nesse ou naquele campo. Um médico precisa desenvolver habilidades e competências que nos deem segurança para uma intervenção cirúrgica, por exemplo. E, para isso, estuda com esse foco. Um engenheiro dialoga com números e projetos, e plantas, e possibilidades, cotidianamente. Um artista estuda escolas de dramaturgia para que sua intuição se una a tantas técnicas no ofício de fazer nascer personagens e momentos. E assim se multiplicam as profissões e as suas exigências. Avalia-se o preparo para o trabalho. Mas há algo comum e necessário a qualquer atividade profissional e pessoal, a necessidade de nos relacionarmos.

Valores desenham a face humana que enxerga e é enxergada. Que fala e ouve. Que diz "sim" ou "não"; que escolhe, portanto. Que é capaz de gestos de generosidade e compreensão. No desenvolvimento do trabalho, o jogo da convivência é essencial. Um precisa do outro. Um precisa ouvir o outro – talento difícil em tempos tão apressados e egoicos. Parece que o que o outro vai dizer nada tem a acrescentar em meu repertório. Ledo engano. Aprendemos o tempo todo com outras pessoas.

Em uma peça de teatro, cada personagem é fundamental para que a arte cumpra o seu papel. Em um jogo de basquete, também. Em uma agência de viagens ou em um banco ou em uma construção, cada um tem sua função.

Devemos nos preocupar com o excesso de diálogo com os meios tecnológicos e a ausência das prosas nas relações humanas. Tempos sombrios estes em que nos silenciamos diante do outro. Não praticamos o silêncio da atenção, da escuta, mas o silêncio do aborrecimento, da impaciência, da arrogância.

O escritor Carlos Drummond de Andrade narra a história de um jardineiro, muito amável, que cuidava com amor e extrema dedicação das flores. Conversava com elas, contava história, ouvia lamúrias de algumas, guardava confidências de outras. Mas tinha problemas com o girassol, que não ia muito com a cara do jardineiro. Mas mesmo assim, ele não deixava de regá-lo e de afofar-lhe a terra. O patrão, incomodado com o longo tempo que o funcionário dedicava às plantas, resolveu demiti-lo. Moral da história:

Depois que o jardineiro saiu, as flores ficaram tristes e censuravam-se porque não tinham induzido o girassol a mudar de atitude. A mais triste de todas era o girassol, que não se conformava com a ausência do homem. "Você o tratava mal, agora está arrependido?" "Não, respondeu, estou triste porque agora não posso tratá-lo mal. É minha maneira de amar, ele sabia disso, e gostava." (Maneira de Amar – Carlos Drummond de Andrade)

A delicada metáfora drummondiana robustece nossa certeza de que as relações ficam muito mais saudáveis quando estamos dispostos a conviver sem a petulância de saber mais que o outro. É com o outro que tenho a nobre missão de caminhar de mãos dadas para não me perder neste mundo tão grande.

Amar é um ato de coragem

Por que alguém quer ser pai ou mãe? Por que alguém resolve constituir uma família? Filhos dão trabalho. E são para a vida toda. Cada fase, um desafio. No início, o choro que desperta. Depois, os riscos de um ambiente novo. Depois, a rebeldia adolescente. Depois, os encantos e desatinos da juventude. E o "depois" nunca se acaba. É preciso coragem. Amar é um ato de coragem. Filhos são frutos de um amor que alimenta a vida. Tudo muda quando chegam. Os sentimentos deslocam-se. Mãe. Pai. O amor gerou vida e a vida ganhou novo significado.

Noticiou-se que um casal australiano contratou uma "barriga de aluguel" de uma tailandesa. Dois filhos foram gerados. Quando souberam que um dos gêmeos tinha síndrome de Down, resolveram ficar apenas com o "perfeito". Triste história. Filhos não são perfeitos. Nem pais. Tive um irmão com Down. Sua autenticidade, leveza, o cantar constante, o sorriso alimentaram nossa família de um amor puro. Junior aqueceu nossas vidas. A mãe tailandesa resolveu cuidar do pequeno Gammy. Ele, também, terá direito a uma história. Espanta-me pais quererem filhos sem defeitos. Assim acontece em muitas adoções. A preferência é para meninas recém-nascidas, loiras. Querem uma boneca ou um filho? Querem exibir um objeto ou cuidar de um novo mundo, repleto de possibilidades?

Domingo é dia dos pais. A maior lembrança que tenho do meu é que era um homem bom. E a maior alegria é saber que, enquanto viveu, pude dizer "te amo, meu pai", sem economias. Sou grato à sua coragem. Sou grato à herança de caráter que recebi. Embora seu abraço, sua voz mansa façam muita falta, sua ausência já não me causa a mesma dor de quando ele partiu. Mas uma sensação bonita de um tempo de gentilezas e ensinamentos. Pais, filhos, família. Pessoas e espaços que forjam nosso caráter e que nos preparam para o necessário viver. Nessas imperfeições, aperfeiçoamo-nos. E a vida segue seu curso. E nós, livremente, fazemos parte.

Sexta-feira da Paixão

Desde criança, sempre me impressionei com o sofrimento de Cristo nos episódios que antecederam sua morte. Pregaram na cruz o Pregador do Amor. Flagelaram o Homem que ensinou contra os flagelos impostos aos marginalizados do seu e de todos os tempos. Humilharam o Bem-aventurado que falou e viveu a humildade. Injustiças sempre causaram dor.

Lembro-me das procissões em minha cidade natal, dos cantos tristes, das encenações da paixão. Caminhávamos em silêncio, até o alto da cidade, revivendo a Via-Sacra e imaginando como era Gólgota, lugar em que a Cruz foi fincada e o Homem Bom, crucificado. Depois, na Igreja, lembro-me de toda aquela gente passando para ver o Jesus morto. Queriam tocar na imagem sofrida. As beatas, atentas, ralhavam quando alguém apanhava uma pétala do caixão do Mestre. Eu ficava triste. Enchia minha mãe e meu pai de perguntas. Eles sugeriam que eu perguntasse ao padre. O padre sorria, ao me ver, e dizia: "Lá vem ele, indignado e perguntador".

Eu queria entender por que Jesus precisava sofrer daquele jeito, entender por que os homens que o saudaram com festa, na chegada a Jerusalém, mudaram de opinião e quiseram vê-lo crucificado. O padre me dava algumas respostas, mas elas não me aquietavam. Nem naquela época nem hoje. Compreendo o sofrimento como parte da vida, mas não consigo compreender a perversidade. O que faz com que algumas pessoas se esforcem tanto para matar outras. Morte física ou moral. Dores no corpo e na alma. Pregos que penetram a pele e palavras que perfuram os sentimentos. Quem somos nós que fazemos repetir a paixão de Cristo em nossa história? Peço sempre a Deus que me livre de julgamentos apressados e de gestos incorretos contra meus irmãos. Não quero jamais perder o inconformismo que me incomodava tanto na infância. Nenhum homem pode ser tratado dessa maneira quanto mais o Filho de Deus. Que esses dias santos nos impulsionem a pensar nos sofrimentos que causamos aos outros. Sempre é tempo de mudar.

Algumas linhas sobre o perdão

Perdoar é dar oportunidade para si mesmo de seguir adiante.

Perdoar é, mesmo diante da lembrança da dor causada, compreender a cicatriz. Não é esquecer. Não temos esse controle sobre nossa memória. Mas é deixar a dor partir.

Não perdoar é condenar-se a carregar o passado nas costas, como um peso que impede a dádiva do recomeço. Não perdoar é não vislumbrar futuros. É escolher o sofrimento. É negar a si mesmo as novas possibilidades. É desprezar a graça do momento presente que nada mais é do que um presente que recebemos todos os dias.

E perdoar não é fácil. Sabemos disso. Na sociedade competitiva em que vivemos, parece que o perdão demonstra fraqueza. Os fortes se vingam. Acabam com o outro. É assim nas lutas. Ganha o mais forte. O outro é o perdedor. É assim nas histórias de supostos vencedores que se gabam ao falar que enganaram, que destruíram, que venceram.

O que é vencer? Destruir o outro é vencer? Passar a vida aquinhoando migalhas de destruição alheia é vencer? Provar que é o mais forte é vencer?

Há formas estranhas de enxergar a trajetória da vida. Talvez tenha faltado educação. Talvez tenham faltado bons exemplos.

Uma mente atormentada em busca de vitória ou de vingança ou de poder não pode ser considerada uma mente vencedora. Não é para isso que nascemos.

A vida ganha um sentido todo especial quando conseguimos usufruir seus mais modestos momentos. Do dia a dia, das relações de afeto na família, no trabalho, entre os amigos. Simples assim, como diria Mario Quintana, "como a água bebida na concha da mão".

Na simplicidade da vida, deparamo-nos com pessoas que, por alguma razão, voluntária ou involuntariamente, nos decepcionaram. Ou tramaram contra nós. Ou traíram a nossa confiança. O que fazer? Vingar-se? Desconfiar de todas as outras amizades que surgirão? Bobagem. A vida é curta demais para ser desperdiçada com o que não nos faz bem.

Façamos o bem. Sem concessões.

Essa é uma forma bonita de olhar para frente e viver. E seguir adiante. De cabeça erguida. Vitorioso.

Para que servem as cinzas?

O pó futuro, em que nos havemos de converter é visível à vista, mas o pó presente, o pó que somos, como poderemos entender essa verdade?

(Padre Antônio Vieira)

Numa certa quarta-feira de cinzas, fui à missa e observei uma conversa entre uma criança e sua mãe. A criança, cheia de curiosidade, quis saber o significado das cinzas. E se poderia tirar as cinzas com um papel e, caso não pudesse, como deveria fazer durante o banho. A mãe explicou que não havia problema de tirar as cinzas. Que era apenas um símbolo. A criança não entendeu. A mãe tentou usar a explicação do padre de que todos nós somos pó e, ao pó, voltaremos. Piorou. A criança mexia a cabeça de um lado para o outro, expressando sua mais absoluta incompreensão. A mãe disse que isso nos faz lembrar que vamos morrer. A criança ficou quieta, pensativa e voltou a perguntar. "E por que devemos lembrar que vamos morrer?" A mãe fez um sinal de que era preciso ficar em silêncio e acompanhar a missa. Achei a última resposta da mãe simples de se compreender. E creio que a criança havia começado a entender, mas ainda ficou com gosto de "quero mais".

Lembrar que vamos morrer. Como isso é fundamental! Quantas descomplicações ganharíamos com essa reflexão. Quantas agressões a nós mesmos e aos outros seriam evitadas. Bastam alguns sinais de nossa vulnerabilidade para mudarmos o comportamento. Gostamos de abrir os exames médicos e observar que nossa saúde está ótima. Mas nem sempre é assim. E, quando percebemos que estamos doentes e que podemos morrer, nossa atitude muda. Sobreviventes de um acidente também tendem a mudar. Pessoas que perdem entes que amaram profundamente ficam tempos tentando entender as razões da finitude. Nossa passagem por aqui é temporária. Não há dinheiro ou poder que nos garanta permanecer. A Medicina pode nos dar alguns anos a mais, mas não pode impedir que viremos pó.

Um dia chega o dia de partir. Pensar sobre isso, certamente, nos ajuda. Somos frágeis, incapazes de dominar nossos sentimentos, vulneráveis a tantos desejos que surgem, sem que saibamos de onde, e que permanecem por mais tempo do que gostaríamos. Talvez o importante não seja impedir o desejo, mas saber o que fazer com ele. Do desejo das paixões que parecem não ter saída aos ódios que nos fazem desperdiçar instantes preciosos na busca pela vingança. Bobagens de teimosias insanas. Há tanto a ser vivido, a ser contemplado, a ser sentido. Se um amor findou, outros poderão surgir. Se um amor morreu, choremos o tempo certo, mas com a consciência de que morreremos também. Certamente, não terminamos aqui. Há muitas moradas que nos aguardam na Casa de Deus, ensinou-nos Jesus. Também Ele chorou. Também Ele sofreu a proximidade do sofrimento. Mas sabia Ele da vitória da vida sobre a morte.

A quarta-feira de cinzas marca o início da quaresma. Um tempo de reflexão sobre a morte e sobre a vida. Sobre o fato de sermos pó e, ao mesmo tempo, complexos seres humanos capazes de lindos gestos de generosidade.

Somos filhos da terra e também do céu. Somos do barro e das utopias. Viver, sabendo que iremos morrer, talvez nos ajude a compreender o que fazer com o tempo. Tempos de gentileza nos alimentam mais do que tempos de violência. O barro do qual viemos não nos moldou para a destruição. Há alguma perversão nossa que nos leva aonde não deveríamos ir, distantes de nós mesmos. Pensar na morte nos ajuda a voltar para o lugar de onde nunca deveríamos ter saído, o solo sagrado da humildade, o húmus que nos originou, a terra, os pés no chão, sangrando ou não, que nos levam aonde nossa liberdade decidir. A jornada não é tão longa. É preciso aproveitar. Viver cada instante como se fosse o último, porque pode, de fato, ser. Quem sabe a hora em que voltaremos a ser pó?

A mãe, a que estava na missa com a filha, poderia ter completado a explicação. Lembrar que vamos morrer nos faz mais humildes, mais compreensivos com o outro, menos arrogantes, menos pretensiosos. O padre, nessa missa, falou em acolhimento. Disse que a Igreja não é juíza. É mãe. Que está aberta para todos os que erram, porque todos erram, mas como mãe, educa, ensina o caminho, e compreende que a decisão é do filho. A de recobrar o sentido da vida ou a de continuar errante, desperdiçando o tempo da felicidade.

Belos cabelos brancos

Conheci duas senhoras numa missa. Logo que cheguei, uma delas me abriu um sorriso, dando-me boas-vindas. Disse que eu era lindo. Eu retribuí. Ela disse que já era velha. Respondi que a beleza não se esvai com o tempo. Ela concordou, sorrindo, e me informou que ia completar 93 anos. A amiga já fizera 90. Contou-me que toma meia taça de vinho tinto toda noite por sugestão médica. A de 90 disse que faz o mesmo. A de 93 reagiu, dizendo que ela tomava a taça inteira e que ocultava isso do médico. A amiga riu e explicou que nem tudo deve ser dito.

Uma pessoa, no banco de trás, tossiu. A senhora de 93 ofereceu uma pastilha. Explicou-me que sempre carrega pastilhas para aliviar sua tosse e a dos outros. A missa começou. A 1ª leitura era do Livro da Sabedoria sobre a honra da velhice: "mas os cabelos brancos são uma vida sensata. A de 90 olhou para a de 93 e disse, baixinho: "Viu? Estão falando da gente!". E brincou: "E eles nem sabem que disfarçamos a brancura dos cabelos". A missa prosseguiu. Rezaram, cantaram, comungaram e ensinaram a estar em comunhão. Ao final, conversamos um pouco mais. Confidenciaram-me o segredo de viver tanto e tão bem. A de 93 disse que havia optado pela alegria e que, por isso, "dava banho" na alma, não permitindo que nenhuma sujeira permanecesse. Nem raiva, nem ressentimento, nem frustração pelo que não acontecera. "Até porque muita coisa ainda há de acontecer, pois não tenho pressa nenhuma de morrer". A de 90 acrescentou: "Ela sempre foi muito namoradeira". A de 93 não se fez de rogada: "E tem graça viver sem amor"?

Belos cabelos brancos têm aquelas duas. Amigas desde a escola. Casaram. Vieram os filhos. Foram-se os maridos. Choraram o tempo certo. Deles se lembram, mas sem dor. O ritmo diminuiu. Perderam forças físicas. Tomam mais cuidado para não cair. Sabem mais de tropeços do que antes. Mas o essencial é que elas continuam achando que viver é bom demais.

Aprendendo com as crianças

Erra quem imagina que uma criança é uma tábula rasa ou um depositório de verdades construídas pelos adultos. Erra quem julga que uma criança pouco entende. E erra, mais ainda, quem pensa que uma criança nada tem para ensinar.

A criança recebe dos adultos uma série de informações, por isso os afetos, a atenção, os estímulos são tão importantes. Entretanto, esse fluxo de informações vai ganhando significado a partir das reações que as crianças vão tendo com o mundo.

Um vídeo, publicado no Youtube, chegou a mais de 3 milhões de visualizações e exemplifica, com propriedade, esse conceito. O garotinho Luiz Antônio, de apenas 4 anos, diz à mãe que não quer que matem os animais. Que precisamos protegê-los. A conversa começa de forma simples, com a mãe falando sobre o nhoque, o arroz e o polvo. A criança quer saber se o polvo que está em seu prato morreu. O vídeo é muito singelo e significativo.

Sem entrar em detalhes sobre a crueldade contra os animais, há algo profundamente relevante que nos deve servir de ensinamento. Por que, com o tempo, vamos perdendo a sensibilidade da infância, vamos perdendo a capacidade de indignação diante do erro, vamos nos acostumando com o malfeito?

Se não tivermos sensibilidade com os animais, não teremos com os nossos irmãos. E é isso o que vem acontecendo. As misérias humanas não nos surpreendem mais. Acostumamo-nos com a maldade, com a mentira, com a injustiça, o que é triste e demonstra que estamos negando nossa própria essência.

Valores como generosidade, companheirismo, respeito e compaixão é que nos trazem a felicidade. Por que falamos tão pouco sobre eles? Por que nos vestimos de arrogância e saímos a julgar os outros ou, simplesmente, a desprezar aqueles que não nos interessam?

Voltemos à criança. À beleza de ter um mundo de esperança. De confiar. De revelar os sentimentos. De chorar e rir sem o incômodo das máscaras.

Acerta quem quer permanecer com os bons sentimentos de uma criança. Que a inocência, apesar das dores e dos anos vividos, não nos abandone.

Bravo, Mandela

No dia da morte do grande líder africano Nelson Mandela, manifestações de celebração à sua vida encantaram o mundo. O colorido da nação arco-íris e a alegria dos filhos de Mandiba, nome pelo qual é carinhosamente chamado por seu povo, revelam que os ensinamentos do líder africano frutificaram. Certamente, de lá onde está, ele assiste a tudo e sorri. Feliz. Os funerais de Mandela pareceram, aos olhos do mundo, uma grande festa de amor, um ritual de fé a um pai que nunca parte.

Nelson Mandela foi um líder que teve a coragem de ser amoroso. A causa da igualdade de direitos entre negros e brancos rendeu-lhe longos 27 anos de prisão. Mas Mandela não se abateu, distribuiu amor entre os prisioneiros e, também, entre os carcereiros, aos quais prometia, igualmente, liberdade. "Dono de seu destino e capitão de sua alma", Mandela renunciou a qualquer tipo de vingança, concentrando esforços para promover a reconciliação e a liberdade de homens vitimados pelo maior exemplo de desigualdade de que se tem notícia. Com paixão, simplicidade e inteligência, ele perseguiu o ideal de liberdade. E venceu. Foi eleito presidente de seu país e libertou seu povo. Em seu discurso de posse, professou: "Chegou o tempo de curar as feridas. Chegou o tempo de construir". E foi o que ele fez.

O grande líder africano não pertence mais à África apenas, mas a todos nós. Sua grandeza humana abraçou o mundo que reverencia sua lição de amor. Em sua homenagem, reuniu-se o maior número de líderes mundiais da história. Chega de discórdia, chega de guerras, chega de ódio. Lado a lado, as diferenças se dissipam para se unirem em oração ao gigante Mandela. Vê-se a África de Mandela acolhendo as nações do mundo. Exatamente como ele queria. "Para odiar, as pessoas precisam aprender. E se podem aprender a odiar, podem ser ensinadas a amar".

E Mandela ensinava pelo exemplo. Odiava o ódio, amava o amor. Por isso, tornou-se mais que um grande líder, é um exemplo de ser humano. Para a vida. Para todos. Para sempre.

Grávidos de futuro

A expressão é de Clarice Lispector na genial obra *A hora da estrela*. Macabéa, que sonhava em ser uma estrela, foi atropelada por um requintado Mercedes Benz amarelo e morreu prematuramente. Estava grávida de futuro.

Estavam grávidos de futuro os jovens de Santa Maria. Uma tragédia que comoveu o país e o mundo, ocorrida em 27 de janeiro de 2013. Jovens que saíram para brindar a vida e encontraram a morte. Jovens que foram da festa ao luto, inadvertida e precocemente.

Muito se falou e se escreveu sobre o fato. Todos os olhares se voltaram à casa incendiada da Rua dos Andradas, em Santa Maria. Forte emoção com o toque dos celulares incessantes de pais ávidos por falar com seus filhos. Os filhos já não tinham como atender. Mães reconhecendo filhos mortos. Casais que partiram juntos.

Encontrar os culpados, fazer valer a justiça, é fundamental. Mas é preciso mais. É preciso aprender com os erros de hoje para que eles não se repitam. Boates como a de Santa Maria se multiplicam pelo Brasil. No caso de São Paulo, a grande maioria não tem alvará de funcionamento. São riscos não medidos. Parece que a tragédia só acontece no quintal alheio. E isso não é verdade.

Os jovens são geralmente apontados como inconsequentes. Aristóteles diria "incontinentes". Nunca acham que vão morrer e, por isso, não tomam as devidas precauções. A prova disso são os altos índices de jovens mortos em acidentes. Mas o Estado não pode ser inconsequente, nem incontinente. É dever do Estado fazer o que é correto. Criar procedimentos adequados de segurança e mecanismos que impeçam os conhecidos "favores" para este ou aquele.

Fazer o que é correto. Esse é o caminho para que os jovens grávidos de futuro tenham direito a vê-lo se realizar. Macabéa morreu, sussurrando o que lhe era mais importante: "Quanto ao futuro". Nesse momento, tornou-se o centro de todas as atenções. Imaginou-se como uma luz, a luz de uma estrela.

É preciso cuidar de nossas crianças

Sou educador por opção de vida. É esse ofício que tento executar cioso da enorme responsabilidade de ajudar os aprendizes a serem protagonistas de sua própria história.

A educação é o passaporte para a liberdade. Quando se oferece educação, oferece-se autonomia. Direitos e deveres ficam mais claros. Possibilidades se ampliam.

Não acredito que algumas crianças nasçam inteligentes e outras, burras. O fator principal é oportunidade. Algumas têm; outras não.

Cuidar da criança é uma questão de justiça. É triste ver, na mesma sociedade, algumas crianças estudando em boas escolas, aprendendo idiomas, praticando esportes, enquanto outras não têm o mínimo necessário para o seu desenvolvimento.

Na campanha para prefeito de São Paulo em 2012, vi crianças, na periferia, brincando nas lajes. E vi crianças brincando em clubes dotados de todo tipo de equipamento esportivo. Vi crianças com fluência em Inglês e em Espanhol e crianças com dificuldades em Português. Repito: não é uma questão de inteligência, mas sim de oportunidade.

Outra grande preocupação refere-se às drogas. Estamos perdendo nossas crianças. Elas não nascem com propensão à violência ou à drogadição; apenas não são cuidadas, não são educadas corretamente.

Toda política de combate à violência, além dos aspectos de inteligência policial e de organização da cidade, precisa se preocupar com a prevenção, com a geração que estamos construindo, com as cidades do amanhã, com o Brasil do amanhã.

Fiquei impressionado com a ação de institutos de cultura que desenvolvem talentos e preparam para o futuro.

Fui conhecer o Instituto Baccarelli, na comunidade de Heliópolis. Com as canções daquelas crianças e jovens, uma melodia especial enchia a sala de ensaios. Uma melodia de esperança. Ali, no contraturno da escola, as crianças estudam um instrumento, convivem com a cultura, desenvolvem talentos, aprendem a se respeitar e a perceber que nasceram para grandes feitos.

É preciso um trabalho e um esforço conjuntos das famílias, dos governos e da sociedade civil para que nenhuma criança seja privada do desenvolvimento de seus talentos. O futuro agradece.

Professor e aluno: uma relação para a vida

O ser humano se forma em meio a um fluxo inexorável de emoções. Cada encontro guarda um registro. Os registros iniciais vêm da família que acolhe o ser que se revela pela primeira vez ao mundo. Depois, a escola. E, na escola, os professores.

Os primeiros professores geralmente têm um preparo especial para tratar com as crianças que chegam desconfiadas diante do novo cenário, que choram por ter de deixar os pais e se assustam com um movimento qualquer que seja diferente dos de casa.

Do mesmo modo, os professores alfabetizadores possuem uma formação direcionada para esse acolhimento. Afinal, o aluno pode apresentar maior ou menor dificuldade para ler e escrever, por questões cognitivas ou de outra ordem.

No caso dos adolescentes, os educadores precisam saber que os alunos estão em um processo constante de transformação, o que lhes altera o humor, o sono e a concentração. Eles têm uma rebeldia natural que, se bem trabalhada, pode se transformar em uma criatividade impressionante.

Às vezes, os professores acreditam que o jovem não precisa do mesmo carinho e da mesma atenção dispensados à criança no processo educativo. Há muitos que na faculdade, por exemplo, decidem não se comprometer, porque pensam que os encontros são tão poucos que não compensa saber mais sobre cada aluno.

Na verdade, os professores marcam toda uma vida, positiva e negativamente. E o ser humano é tão complexo que não consegue controlar as consequências das palavras e dos gestos. Não poucas vezes, as marcas surgem de feridas abertas que os alunos têm no momento em que, sem conhecê-las, o professor toma determinada atitude. Mesmo que a intenção seja boa, falta, nessas situações, certa delicadeza e compreensão.

Os anos passam, mas as lembranças ficam. A timidez, a dificuldade de dizer alguma coisa em público e a falta de criatividade podem estar ligadas a uma escola que não se preocupou com esses "detalhes".

Não estou dizendo que os professores sejam cruéis e que criam traumas em seus alunos; alguns machucam, invariavelmente, mas sem perceber que deixam dor. Caminham talvez distraídos e não percebem os sonhos de tantos pequenos que terão de crescer. Como afirma Rubem Alves, "a semente do pensamento é o sonho"; assim, "os educadores, antes de serem especialistas em ferramentas do saber, deveriam ser especialistas em amor: intérpretes de sonhos".

É preciso estar atento para que as lembranças sejam mais libertadoras e menos dolorosas. Vejamos o restaurador. Há obras que são mais frágeis. Se o artista puser a mesma força em obras distintas, poderá acertar em algumas e errar grotescamente em outras. Toda obra tem suas peculiaridades, sua resistência. Deve-se conhecê-la bem antes de iniciar o processo de restauração.

Assim também o é com o educando. Cada indivíduo possui características próprias, que devem ser respeitadas. O tratamento dedicado ao aluno contribui para a formação de sua personalidade. Por isso, é importante que o professor se pergunte: "Que papel, afinal, desejo desempenhar na sociedade? O que posso agregar – a partir de minha vocação – ao meio em que vivo, a cada um destes aprendizes? Que espécie de cidadão pretendo, com meu trabalho, formar?". De indagações como essas, nascem reflexões, descobertas e ensinamentos para toda a vida. Ou, nas palavras de Cora Coralina, poetisa goiana, "feliz aquele que transfere o que sabe e aprende o que ensina".

Professor: a alma da educação

Eis o grande agente do processo educacional: o professor. Como afirma Cecília Meireles, na obra *Crônicas de Educação 3* (editora Nova Fronteira), "se há uma criatura que tenha necessidade de formar e manter constantemente firme uma personalidade segura e complexa, essa é o professor".

Há quem diga que o computador substituirá o professor; que, nesta era, em que a informação chega de muitas maneiras, esse profissional perderá sua importância.

O computador nunca substituirá o professor. Por mais modernos que sejam os aparatos tecnológicos, por mais que a robótica profetize evoluções fantásticas, a máquina não reflete e não é capaz de dar afeto, de passar emoção, de vibrar com a conquista de cada aluno. Isso é um privilégio humano.

O professor tem luz própria. Não é possível que ele pregue a autonomia sem ser autônomo; que fale de liberdade sem experimentar a conquista da independência que é o saber; que queira que seu aluno seja feliz sem demonstrar afeto. E, para que possa transmitir afeto, é necessário que ele viva o afeto. O mestre precisa ser o referencial, o líder, o interventor seguro, capaz de auxiliar o aluno em seus sonhos, em seus projetos.

A formação é um fator fundamental para o professor. Não apenas a graduação universitária ou a pós-graduação, mas também a formação continuada, as atualizações, o aperfeiçoamento. Para que um professor desempenhe com maestria as aulas na matéria de sua especialidade, deve conhecer as demais matérias, os temas transversais que perpassam todas elas e, acima de tudo, conhecer o aluno. Ninguém ama o que não conhece, e o aluno precisa ser amado! Para quem teve uma formação rígida, é difícil expressar os sentimentos. Há pessoas que não conseguem elogiar, abraçar, sorrir. O professor tem de quebrar essas barreiras e trabalhar suas limitações, assim como as de seus alunos.

É essencial que o mestre acredite no que diz, que tenha convicção em seus ensinamentos, para que os alunos também acreditem neles e se sintam envolvidos. O mestre necessita de preparo para alcançar os objetivos que almeja. Aquele que não prepara as aulas desrespeita os alunos e o próprio ofício. É como um médico que entra no centro cirúrgico sem saber o que vai fazer, sem a instrumentação adequada. Uma aula preparada, organizada, com o conteúdo refletido, muito provavelmente será bem-sucedida. No entanto, aula previamente preparada não significa aula engessada; o professor não deve deixar de discutir outros temas que surjam apenas porque deseja cumprir o roteiro que preparou. Pode até acontecer de ele dar uma aula diferente da planejada, mas isso acaba sendo enriquecedor.

Mas não há professores perfeitos. A imperfeição é algo inerente ao ser humano. Aliás, aquele que pensa que nada mais tem a aprender acaba se transformando em um grande risco para a comunidade educativa, pois é incapaz de rever seus métodos, de ouvir ideias, de tentar ser melhor.

O professor precisa tornar-se, de fato, um educador que conheça o universo do educando, que tenha bom senso, que proporcione o desenvolvimento da autonomia de seus alunos. Que demonstre entusiasmo, paixão. Que não discrimine ninguém. Que se mostre politicamente participativo, para que suas opiniões possam fazer sentido para os alunos, sabendo sempre que tem nas mãos a responsabilidade de conduzir um processo de crescimento humano. Que seja um profissional, enfim, capaz de ajudar a construir uma educação verdadeiramente cidadã.

Educar para a suavidade e o respeito

Na Primeira Epístola de São Pedro, aprendemos que a caridade deve impulsionar todas as nossas ações: "Finalmente, tende todos um só coração e uma só alma, sentimentos de amor fraterno, de misericórdia, de humildade" (1 Ped 3, 8). Ensina-nos o apóstolo que o amor fraterno faz com que não corramos o risco de agir com espírito de ódio, de vingança. Evidentemente, quando nos fazem o bem, é mais fácil retribuir com o bem.

O difícil é cumprir este conceito: "Não pagueis mal com o mal, nem injúria com injúria" (1 Ped 3, 9a).

É comum ouvirmos a expressão "eu não levo desaforo para casa" ou, ainda, "bateu, levou". E é assim que muitas pessoas agem. Há aquelas que esperam para se vingar depois e passam anos despendendo tempo e energia querendo destruir alguém. Vida desperdiçada. Há ainda aqueles que se destacam por divulgar maldades. E, em tempos de redes sociais, ficou ainda mais fácil desconstruir a imagem alheia. Há muitas mentiras que, de tão repetidas, vestem a roupagem de verdade.

Pedro nos exorta, também, no mesmo capítulo, sobre duas virtudes: suavidade e respeito.

Ser suave significa ser leve, ser silencioso quando necessário, ser compreensivo, ser cuidadoso. Gandhi que tanto fez pela paz, que não acreditava na violência, ensinou: "De modo suave, você pode sacudir o mundo".

Suavidade remete a respeito. Quem é suave respeita a si mesmo e ao outro. Suavidade não é sinônimo de passividade ou ingenuidade. Ao contrário, ser suave significa agir corretamente. Sem ódio. Sem vingança. Com sabedoria. Pagar o mal com o mal é desperdiçar o valioso tempo da vida com pessoas ou coisas que não têm importância. A maldade acaba por corroer o maldoso, ele mesmo. Quem comete injustiças falando do irmão, quem age com maldade já sofre pela ausência da bondade. Age, dessa forma, talvez por ignorância, talvez por não ter sido educado adequadamente para o respeito.

Respeito! Como essa palavra é importante! Respeitar o espaço do outro, respeitar a história e as escolhas do outro, compreendendo que Deus nos fez únicos; portanto, não há pessoas iguais e é exatamente por isso que precisamos entender que as pessoas que amamos são diferentes de nós. Pais são diferentes dos filhos, irmãos são diferentes entre si, amigos também. Essas diferenças não significam, entretanto, que devamos nos furtar de exortar os nossos irmãos que trilham por caminhos errados. É nosso papel acolher, ajudar, orientar. Mas com respeito e suavidade.

Não se faz com que uma planta cresça mais rapidamente regando-a com água quente. Não se ensina um filho com espancamentos. Não se educa um aluno com berros. A autoridade com suavidade e respeito ganha mais significado.

E como se educa para esses valores? Com palavras, quando necessário; e com exemplos, sempre! Pais precisam dar bons exemplos aos filhos, não pagando o mal com o mal e não praticando o mal. Pais fofoqueiros, vingativos, cruéis vão ensinando esses antivalores aos filhos. Pais serenos, respeitosos, também. É nessa fraternidade que acreditamos, que alicerce um mundo em que, de fato, sejamos irmãos uns dos outros. Isso é um sonho? Não sei. Só sei que a leitura da Palavra de Deus nos ensina a pensar e a agir assim. É esse o intento que deve nos unir. Que o bem vença.

Deus e a ciência

Certa vez, uma jovem estudante enviou uma questão para um dos mais famosos cientistas de todos os tempos, Albert Einstein. A pergunta era direta: "Cientistas rezam?". E ela explicava que se tratava de uma curiosidade que os instigava, ela e o grupo de estudantes do qual fazia parte. Queriam saber se é possível, ao mesmo tempo, acreditar na ciência e na religião.

Einstein respondeu, também diretamente, sem rodeios. Explicou que os cientistas acreditam que tudo o que ocorre no que nós conhecemos, incluindo os fatos da vida humana, deve-se às leis da natureza. Os nossos sentidos são capazes de apreender sobre esses fatos. Entretanto, admite Einstein, o nosso conhecimento dessas forças é imperfeito. Por mais que a ciência evolua, ou quanto mais ela assim o faz, os cientistas que se dedicam seriamente ao seu estudo acabam se convencendo de que um Espírito infinitamente superior se manifesta nas leis do universo. O trabalho científico, conclui ele na carta, leva a um tipo especial de sentimento religioso. Que nada tem de ingênuo.

Com alguma frequência, vejo alguns intelectuais tentando demonstrar que a crença em Deus significa a ausência da real inteligência do homem. Que se trata de uma necessidade de criar Deus para justificar o injustificável e que, com todo o conhecimento disponível, com tudo o que a evolução foi capaz de nos trazer, torna-se desnecessária a existência de Deus.

O papa Francisco, recentemente, falou sobre a convivência entre as teorias científicas e a fé. Buscar explicações para a evolução do mundo não significa desacreditar em uma Força Superior capaz de originar e de gerar a vida. Até hoje, a ciência não conseguiu chegar às razões primeiras de todas as coisas. Há um aspecto a ser considerado entre os ativistas ateus. O tanto que eles falam sobre Deus tentando fazer com que as pessoas deixem de acreditar. Se, para eles, Deus não existe, por que gastar tanto tempo com Ele, então? Se alguns ateus criticam os fundamentalistas religiosos – e talvez tenham razão em fazê-lo –, precisam refletir se não estão se tornando fundamentalistas do ateísmo. Os radicalismos, os desrespeitos, as crenças diferentes nos separam desnecessariamente. É possível e necessário conviver com as diferenças e aprender com esses convívios.

Desde muito cedo, afeiçoei-me às Ciências Sociais. Sou um leitor compulsivo. Gosto de estudar os clássicos e de reler teorias sobre temas que me instigam. A fé é um deles. Por um lado, há um caminho interessante a ser percorrido pelos filósofos e teólogos que gastaram a vida para nos dar explicações sobre a nossa presença no mundo. De onde viemos? O que fazemos por aqui? E para onde vamos? Por outro lado, enche-nos de esperança olharmos a fé das outras pessoas. A fé nascida na simplicidade e na experiência com a Bondade Infinita que nos ouve as dores e nos surpreende com milagres cotidianos. A experiência do homem com a natureza, a observação da vida nas suas mais variadas formas, o belo se manifestando em amanheceres e entardeceres frios ou quentes. E o agir humano. A manifesta caridade em mulheres e homens que, alimentados de fé, alimentam aos seus irmãos.

É fato que há pessoas que não frequentam nenhuma religião e que praticam a caridade. Mas é fato, também, que a inspiração do que vem de Deus independe das religiões. As religiões deveriam nos religar ao Sagrado. Deveriam nos ajudar na ressignificação do que somos. A nossa relação com Deus repercute na nossa relação com os irmãos nossos.

Quão linda a prática e a oração de uma Madre Tereza de Calcutá. A mulher que nos ensinou que *quem julga as pessoas não tem tempo para amá-las*. Ou Francisco de Assis que assim orou: *Apenas um raio de sol é suficiente para afastar várias sombras*.

Os livros nos abrem horizontes, a ciência nos garante mais segurança, autonomia. Retira-nos véus de ignorância sobre os mais variados temas. E é bom saber que os estudos nos trazem novidades constantes. E, ratificando ou retificando verdades, a ciência vai evoluindo.

Mas, voltando a Einstein, o nosso conhecimento é pequeno demais para compreender a grandeza do universo e de tudo o que existe além do que conhecemos. É preciso humildade para ser cientista e para se ter fé.

Acreditar em Deus não é desacreditar no homem, é – ao contrário – valorizá-lo como a inteligência criada pelo Artista para dar continuidade à obra, livremente, respeitando apenas os limites do amor, como nos ensina Agostinho de Hipona.

Não acredito em Deus porque nunca o vi.
Se ele quisesse que eu acreditasse nele,
Sem dúvida que viria falar comigo
E entraria pela minha porta dentro,
Dizendo-me Aqui estou!
(Isso é talvez ridículo aos ouvidos
De quem, por não saber o que é olhar para as coisas,
Não compreende quem fala delas
Como o modo de falar que reparar para elas ensina.)
Mas se Deus é as flores e as árvores
E os montes e sol e o luar,
Então acredito nele,
Acredito nele a toda a hora,
E a minha vida é toda uma oração e uma missa,
E uma comunhão com os olhos e pelos ouvidos.

O bom humor do professor

O ser humano é um animal que ri. Pode parecer uma afirmativa leviana, mas o riso, a alegria, e suas manifestações, fazem diferença para que o homem seja quem é. Pesquisadores, antropólogos e escritores já analisaram essa característica, e concluíram que os homens melhoram quando riem. Henri Bergson, por exemplo, quando escreveu como tese de doutoramento "*O riso – ensaio sobre a significação do cômico*". No Brasil, Flávio Moreira da Costa compilou os cem melhores contos de humor da literatura universal, pela Ediouro. Entre eles Anton Tchekhov, um mestre na arte de fazer rir.

O preâmbulo serve para apoiar uma reflexão sobre o papel do bom humor nas relações professor-aluno, e como o aprendizado pode ser facilitado com isso.

Alegria é algo muito próximo do prazer. E não há como discutir que o aprendizado só se dá se o processo for prazeroso.

A criança imita atitudes, no processo de construção de sua identidade. Desenvolve habilidades e competências com base no que percebe em casa, inicialmente, e na escola, quando chega o momento de frequentar escola. Os bloqueios também começam a aparecer, muitas vezes por causa de atitudes quase sempre irrefletidas dos pais e dos educadores: apatia, indiferença, impaciência, intolerância, incompaixão. E talvez não haja nada que intimide mais uma criança do que uma carranca. Há algo mais opressor do que uma criança que não se sente à vontade para fazer perguntas ao professor porque tem medo da cara feia dele?

A atitude correta de pais e professores é a proteção. Não a proteção que engole, que apequena, que aprisiona. Mas a proteção que acolhe, que cuida, que prepara para o desenvolvimento da autonomia e do sonho. A criança tem de ser incentivada a sonhar e a realizar desde sempre. No mundo fantasioso da infância, pululam personagens e situações que não devem ser descartadas ou desprezadas. Todas com cara alegre, que cantam, que dançam, que vivem de bom humor. Quem está sempre de mau humor é o vilão, o bandido, aquele personagem que as crianças abominam e repelem. Pais contadores de histórias estimulam mais esse universo onírico, além de estarem mais presentes com os filhos. Isso é bom, desde que seja reservado espaço muito definido entre o que é bom e o que é ruim, entre o que é certo ou errado, justo ou injusto, mentiroso ou verdadeiro. Olhando para essas características, é fácil perceber que o que é ruim, errado, mentiroso e injusto quase sempre tem cara feia, produto de tristeza e de rancor. Ao contrário, o que é certo, verdadeiro, bom e justo tem aparência alegre.

Aí está o papel do bom humor. É amenizar o coração. E assim permitir que as pessoas tenham atitudes igualmente amenas. O sorriso no rosto reflete e até condiciona o estado de espírito. O professor que sorri certamente terá mais inclinação para fazer comentários positivos sobre as diferenças de cultura, ideologia, classe social, gênero etc.

A literatura está cheia de exemplos de bom humor. Mario Quintana é um dos mais divertidos. O escritor tem uma vocação que tem tudo a ver com o magistério. A literatura educa. E por isso vou citar uma escritora, também mestra na arte do bom humor. Lygia Fagundes Telles, no conto Eu era mudo e só, tem um trecho divertido do personagem Manuel, que se sente oprimido pelo casamento:

..."Ou a mulher fica aquele tipo de amigona e etc. e tal ou fica de fora. Se fica de fora, com a famosa sabedoria da serpente misturada à inocência da pomba, dentro de um tempo mínimo conseguirá indispor a gente de tal modo com os amigos que quando menos se espera estaremos distantes deles as vinte mil léguas submarinas. No outro caso, se ficar a tal que seria nosso amigo se fosse homem, acabará gostando tanto dos nossos amigos, mas tanto, que logo escolherá o melhor para se deitar. Quer dizer, ou vai nos trair ou chatear. Ou as duas coisas..."

Toda pessoa pode ser assertiva sem ser amarga. Toda pessoa é capaz de docilidade e de ternura. Basta desfazer as rugas da testa. Suavizar o rosto para suavizar a alma. Porque o que sentimos repercute na forma com que tratamos o outro. E, sem dúvida, a atitude do professor condiciona o resultado do aprendizado.

Há muitas informações que vão sendo oferecidas aos alunos e, aos poucos, descartadas. Isso faz parte do desenvolvimento cognitivo. Ninguém é capaz de memorizar tudo o que aprendeu desde sempre. Datas são esquecidas, nomes, lugares. Conteúdos específicos, se não utilizados, ficam armazenados em algum lugar, e não representam mais significado. Mas há algo que não sai jamais da memória: o gesto amigo, o acolhimento e o sorriso no rosto.

O exagero que não educa

As pessoas mais estudadas ou aquelas que não tiveram oportunidade de muito estudo sabem que o exagero não educa. Pais explicam aos filhos que não exagerem na comida. Faz mal. Que não exagerem no banho. É contra o meio ambiente. Que não exagerem no tempo gasto na internet. Precisamos de relações reais. Não somos máquinas. Que não exagerem nas brincadeiras ou na bebida ou nas baladas e assim por diante.

Filhos poderiam também dizer aos pais que não exagerem nas cobranças. Criança precisa ser criança. Precisa brincar como criança. Correr como criança. Errar como criança. É um exagero exigir que uma criança tenha agenda lotada com todo o tipo de atividade que, muitas vezes, o pai ou a mãe não conseguiram ter.

O pai obeso quer que o filho seja um atleta e lamenta o fato de o seu pai não ter feito o mesmo com ele. Aulas de judô, tênis, natação, alongamento, yoga, musculação adaptada para criança, entre outros.

A mãe com dificuldade em outro idioma quer que o filho aprenda ao mesmo tempo inglês, espanhol, francês e, se possível, alemão e mandarim. E justifica dizendo que nessa fase há mais facilidade para o aprendizado de outro idioma.

O pai quer que o filho aprenda a tocar um ou mais instrumento musical. A arte é muito importante. Piano e violão são o básico. Quem sabe aprenda esses dois e mais violino e harpa. Harpa é bem interessante.

A mãe acha que para o filho se desinibir desde cedo é bom ter aulas de teatro e canto. Isso ajuda a conviver melhor e a conseguir desenvolver a oratória, tão essencial para os nossos dias.

E com todas essas atividades, é preciso encontrar tempo para terapias, as tradicionais e as alternativas para que os filhos vençam o estresse.

Enquanto isso, os pais brigam exageradamente, trabalham exageradamente, reclamam exageradamente da vida, da sorte, da condição de casado, dos filhos que dão trabalho. E o tempo passa.

O tempo da convivência vai se perdendo em exageros tantos. A infância vira uma fase de preparação para o sucesso, a adolescência também, e a juventude nem se fala. As cobranças vão trazendo uma carga absolutamente desnecessária.

E o lazer? E o entretenimento? E as conversas sem finalidade? E as brincadeiras em família? E a contação de histórias?

Brincar o dia inteiro e não estudar é tão exagerado quanto estudar o dia inteiro e não brincar.

Ficar ao computador ou em frente à televisão o dia inteiro comendo é tão exagerado quanto não sair da academia ou do clube.

É preciso encontrar o tão sonhado meio-termo ensinado por Aristóteles. Sem exageros, e com serenidade, as escolhas podem ser decididas conjuntamente. As habilidades vão se desenvolvendo a partir de estudos e de brincadeiras, de cursos e de ócio. Tudo em família.

A vida tem que ser vivida intensamente em cada instante. Não viver o hoje porque o hoje é apenas uma preparação para o amanhã, um amanhã que nem sei se vai existir, é um grande exagero!

Arrume o relógio

Perguntou-me um senhor se eu sabia onde havia um relojoeiro. Disse-lhe que sabia e expliquei como chegar até ele. Agradeceu e explicou-me que, ultimamente, ninguém se preocupa em arrumar as coisas. Jogam-nas no lixo e querem novidade. O relógio que precisava de conserto era do filho. O filho queria comprar outro, e ele disse que não. "Arrume o relógio, meu filho!".

Ouvi aquele senhor que parecia precisar de algum ouvinte. Como estava atento, ele colocou-se a falar de outros temas. Reclamava, com elegância, dos que não gostam de arrumar as coisas. "Antigamente, havia um valor afetivo em cada bem que possuíamos. Guardávamos objetos dos nossos avós, dos nossos pais com algum respeito."

Fez gestos agradecidos pela atenção e seguiu, em passos vagarosos, rumo ao relojoeiro. Afinal, tinha um objetivo naquela manhã, quase um compromisso, arrumar um relógio.

Saí da despretensiosa prosa pensando na sua calma e no seu comedimento ao criticar a sociedade dos descartáveis em que vivemos hoje.

Arrumar um relógio. Não. Não se tratava apenas de arrumar um relógio. Tratava-se de um olhar para os costumes, para os valores que damos às coisas. Para o tempo dispensado a recuperar um bem e não a, simplesmente, substituí-lo.

Passemos das coisas às pessoas. O que é mais fácil, arrumar uma pessoa nova e descartar a que está, em nossa opinião, estragada, ou dar-lhe a chance de consertar o que não vai bem? Arrumar pessoas é mais complexo do que arrumar relógios. Requer mais tempo. Tempo que não se mede olhando para relógios, mas para o tempo das pessoas.

Namoros são descartados com muita facilidade. Há desculpas de todas as ordens. Necessidades de conhecer outras pessoas, liberdade de curtir a vida, falta de paciência de estar na rotina do mesmo enlace. Amigos também são descartados se dão trabalho. Não há lojas que consertem amigos nem lojas que consertem relações. Não se pode deixar lá e pegar depois como se faz com um relógio. Relações são consertadas em concertos de amor. É como uma orquestra de barulhos bons que nos remete à música composta por nossas histórias comuns. Baladas tristes e alegres. Caminhos que nos fizeram desejar estar juntos.

Descartar um amor, um amigo, um alguém, por imperfeições, demonstra desconhecimento da natureza humana. Somos imperfeitos como condição de existência. Não fosse assim, nada precisaríamos aprender. Não fosse assim, nasceríamos prontos.

Nos relógios em que vemos as horas, contamos as que desperdiçamos com bobagens e as que usamos para cultivar os afetos que nos sinalizam os caminhos da perfeição. Somos imperfeitos em busca da perfeição. E isso é bom. É bom quando sabemos. Não apenas onde ficam os relojoeiros, mas onde ficam as aprendizagens que nos ajudam a perceber o que devemos fazer com as horas que temos para existir.

Bobagem viver consultando as horas. Bobagem descartar pessoas. Farão falta. Muitas partem sem que possamos decidir. As que ficam que fiquem nos ajudando a prosseguir. Prosseguir de mãos dadas, com ou sem relógios.

Domingo de Páscoa

A vida venceu a morte, a liberdade venceu a escravidão, o bem venceu o mal. A Páscoa é a mais importante festa do calendário cristão. Ela reacende as chamas da nossa esperança. Há um sinal que merece ser revisitado. O túmulo está vazio. A vida se apresenta apresentando a paz.

Os barulhos horrendos que tão mal fizeram não foram suficientemente fortes para estancar o som prazeroso do amanhecer único. Era um domingo. Era um dia de festa. Lembravam eles da saída do Egito, do povo que ousou deixar de lado a ração medida da escravidão e partir em busca do incerto. O certo é que acreditavam em uma terra prometida, onde jorrariam alegrias e liberdade. Essa é a Páscoa dos Judeus. A passagem de uma situação para a outra. Seguindo a inspiração de Moisés, não temeram o Mar Vermelho nem o que viria depois.

Jesus morreu um pouco antes dessa festa. Os homens preferiram soltar um criminoso confesso, Barrabás, a libertar o semeador do amor.

Dias difíceis. Judas, o que caminhava com ele, o traiu. Preferiu algum dinheiro e o traiu. Ou talvez tenha se frustrado ao ver que o poder que ele queria não era o mesmo que Jesus pregava. Pedro, o amigo, o discípulo, negou-o três vezes. Fingiu que não o conhecia. Teve medo, certamente. E os outros que o aclamavam tantas vezes se afastaram. Não havia o que fazer. As mulheres, as discriminadas, foram as que acompanharam os seus últimos passos. A cruz e o seu peso. As quedas. A dor. A humilhação. Mas tudo isso foi antes de hoje.

Hoje é Páscoa. A morte já não domina. Ele está vivo. E a sua vida é um convite a que vençamos a morte também. Que morram os orgulhos e as arrogâncias, que morram as avarezas e as pretensões, que morram os julgamentos sem amor. É domingo de Páscoa.

O túmulo já não guarda o seu corpo. Foi pequeno demais. O Amor é grande. Alguns apressados queriam que a vitória ocorresse no Gólgota, o local da crucificação. Imaginavam que com o poder que Jesus tinha de fazer milagres, de curar leprosos, de devolver a vida a Lázaro, de caminhar sobre as águas, de multiplicar os pães, entre tantos outros, Ele poderia soprar e destruir aqueles homens que o matavam.

Destruir? Não! Ele veio para construir. Foi fiel à sua missão até o fim. Bebeu do cálice amargo. Amargou a solidão. E morreu. Morreu para nos ensinar a morrer. E venceu a morte para nos ensinar a, também, vencê-la.

É Páscoa. A vida está de volta. Há esperança, sim. A ponte foi construída. Basta enfrentarmos a sua travessia. Mesmo que calvários cruzem o nosso caminho, serão apenas trechos de uma jornada maior. Não nos acovardemos diante deles. É preciso prosseguir. As feridas só doem por um tempo. A pele tem o poder da recuperação. Na alma, é assim também. Não cultivemos as traições e as chibatadas. Elas ficaram para o ontem e para os dias que o antecederam.

Afinal, a vida venceu a morte, a liberdade venceu a escravidão, o bem venceu o mal. Celebremos, pois!

Solidão, solidariedade

"Solidão" é uma palavra que vem do latim *solitudo* ou *solus* que significa "sozinho". Fernando Pessoa poetiza a solidão, ensinando: "Enquanto não atravessarmos a dor da nossa própria solidão, continuaremos a nos buscar em outras metades. Para viver a dois, antes é necessário ser um". Viver na solidão é um incômodo diante da nossa natureza. Somos animais sociais, seres da convivência, carentes um do outro para o nosso aprendizado, para o nosso crescimento.

Trancafiarmo-nos em nosso porão solitário é estancar os sonhos que brotam quando pessoas e paisagens nos inspiram. Sonhos dos quais necessitamos para a nossa realização. O silêncio é o caminho para a reflexão. Estarmos sozinhos, pensando, escolhendo, decidindo não significa sermos solitários. É disso que fala Pessoa. É preciso "atravessarmos a dor da nossa própria solidão", da consciência essencial de que somos senhores das nossas vidas.

Diz Vinicius de Moraes que *a maior solidão é a do ser que não ama (...). A maior solidão é a do homem encerrado em si mesmo, no absoluto de si mesmo, o que não dá a quem pede o que ele pode dar de amor, de amizade, de socorro.* Entra aí a "solidariedade". Do francês *solidarité* que significa "responsabilidade mútua" ou do latim *solide*, que significa "firme, inteiro". "Dar amor, amizade, socorro" é ser solidário. "Não amar" é ser solitário.

A solidariedade é um movimento inteiro, firme na direção do outro. É uma decisão de fazer da vida um serviço à vida dos outros. É ser útil ao mundo. É construir o seu espaço generosamente. De mãos dadas. De olhos abertos. Com passos certeiros. Nossos problemas se apequenam quando somos sensíveis aos problemas dos outros. É na vida dos outros que nos abastecemos para dar à nossa vida um significado.

A solidão tem um preço. O preço da dor prolongada. O preço das ausências. O preço das cortinas fechadas à luz que insiste em avisar que está pronta. A solidariedade é essa luz. Pessoas se entrelaçando, tecendo caminhos para que caminhantes possam seguir depois de alguns tropeços. Solidariedade é a semente que há de brotar e há de se transformar em alimento e descanso para esses caminhantes. É isso o que diz Cora Coralina:

Se temos de esperar,
que seja para colher a semente boa
que lançamos hoje no solo da vida.
Se for para semear,
então que seja para produzir
milhões de sorrisos,
de solidariedade e amizade.

Somos livres para escolher. A solidão dos problemas que aumentamos em nós mesmos, dos desconfortos que outros nos causaram, mas que permitimos, das frustrações por projeções que erroneamente fizemos. Isso ou a solidariedade dos que se desdobram em enxergar a dor do outro e estar perto para oferecer algum afeto, para ouvir, para fazer, para permitir que emoções nos conduzam, racionalmente, na certeza de que fazemos parte de uma mesma humanidade.

"Sorrisos de solidariedade e amizade" significam muito mais do que a passividade de uma face que utiliza os músculos. Significa o êxodo e o encontro. Sair de nossas solidões e nos solidarizar com os que de nós necessitam. E fazermos o necessário para amenizar o sofrimento que chegou. Conheço muitas pessoas que fazem trabalhos voluntários com alguma frequência. Nenhuma delas é solitária. Gastar a vida fazendo o bem faz bem. Gastar a vida fazendo o bem é o remédio que cicatriza feridas da alma e do corpo. Há momentos em que é bom dizermos a nós mesmos: basta, é hora de viver! Solidariamente. Cuidando e sendo cuidado.

Carta para a pequena Elizabeth

Elizabeth,

Espero que você consiga alguém para ler esta carta. Sei que, infelizmente, você não teve a oportunidade de ser alfabetizada. Sua mãe partiu cedo. Doenças surgem sem que tenhamos controle sobre elas. Seu pai, sabe-se lá quem é? Se está vivo. Se sabe da sua existência. Mas não é sobre isso que escrevo. Ou, talvez, seja.

Sua mãe deu a você o nome de Elizabeth, inspirada na Rainha da Inglaterra. Veja só. Ela queria que a menina que saiu de seu útero conquistasse o mundo. Não o mundo inteiro. Ela não tinha essa pretensão. Mas o mundo necessário para que você levasse a vida que ela não pôde levar.

Uma negra rainha. Ela até pensou em colocar em você o nome de uma rainha africana. Deve ter existido. Talvez, até exista. Mas ela não tinha muitas condições de pesquisar. Também não sabia ler. E era muito tímida para fazer perguntas. Nas ruas, poucas pessoas a enxergavam. É sempre assim. Andam sem tempo. Nem paciência.

Sua mãe se foi logo depois de seu nascimento. Sei que você foi cuidada por uma conhecida dela. Pena não sabermos o seu nome. Não falava. E, se falasse, quem ouviria? Mas você sobreviveu. E ainda conseguiu cuidar da filha da conhecida que de você cuidou, quando ela partiu. Você aos 7, já quase uma mocinha; e ela, aos 4. Quantas coisas juntas vocês fizeram sem que ninguém as visse!

Em dias de calor, era melhor, apesar de a claridade chegar mais cedo. Em dias de frio, restavam os encontros de corpos, mesmo que de estranhos, para aquecer. Foi assim que você, aos 14 anos, gerou um filho que não sobreviveu. E você quase partiu com ele.

Escola? Pena que não houve essa experiência rica em sua vida. Elizabeth, a rainha, estudou muito.

Você não sabe das doenças que já teve. Talvez, por isso, seja tão magra, tão pequena, tão quieta. Alguns na rua ficam valentes e gritam quando são atingidos. Você preferiu o silêncio, talvez influência da que de você cuidou quando sua mãe partiu.

Você não é a única a não ser vista. Os cidadãos têm muito trabalho. E acabam não podendo olhar muito para os lados. Têm muitas decisões a tomar. Vivem em uma democracia. Sabe o que significa essa palavra? Governo do povo. Entendeu? O povo é quem governa. Governa para proteger a todos. Para que todos sejam livres. Livres, inclusive, para colocar, na única filha, o nome de uma rainha. Livres para sonhar com que essa filha tenha o direito de ser uma rainha. Em uma democracia, a maioria é quem decide, mas as minorias são protegidas; afinal, são todos cidadãos.

Cidadão é quem vive em uma cidade, como a que nós vivemos, Elizabeth. E tem o direito de não ser invisível. Porque, se é mais frágil, vulnerável, ou por qualquer razão, haverá alguém para cuidar. Há direitos mínimos que devem ser respeitados. Com você não foi assim? Deve ter havido algum engano. Enganos atrapalham as democracias.

Sabe que atribuem aos gregos a invenção da democracia? Mas lá também havia Elizabeths como você que ninguém via. Mulheres, estrangeiros, escravos – e como havia escravos naquela época –, crianças, esses eram os invisíveis daquele tempo. Mas isso foi há tanto tempo. As coisas mudaram. Não acha? Sei que você deve estar pensando, 'comigo não'! Queria conhecer um pouco mais o seu pensamento já que você quase não fala. Queria poder te ajudar a recuperar o tempo perdido. Queria cuidar de você nas idades que se foram e na que você, hoje, vive. Aliás, você sabe a sua idade? Acha que isso não tem importância?

Sua saúde é tão frágil quanto as suas possibilidades. Mas você tem medo de que alguém te machuque de novo, não é? Nenhum filho seu sobreviveu? Tem certeza? Será que você não se esqueceu? Será que não anda por aí, também invisível?

Dia desses, tentei explicar para alguns que ninguém pode ser deixado para trás quando se trata de democracia. Que, para que todos participem, todos têm que ter garantidos os direitos mínimos que sustentam um conceito tão bonito que se conhece como dignidade da pessoa humana. Nas ruas, nos campos distantes, nas casas sem instrução, moram muitos que podiam ser reis ou rainhas ou cientistas ou presidentes ou doutores ou funcionários de qualquer profissão. Nesses lugares, em todos, moram mulheres e homens que não terão o futuro que mereceriam por algum engano nessa tal democracia.

Esquecidos, esqueceram o que poderiam ser. Invisíveis, já não podem ver. E, não vendo, pouco se movimentam. E assim permanecem, não por opção, mas por sua ausência.

Elizabeth, receba esta carta como um alento de que nem tudo está perdido. Talvez um dia alguém a escreva. Talvez a compaixão venha a surgir como um valor que ilumine os direitos que andaram, há tanto tempo, escrevendo por aí. As leis sozinhas não resolvem. Precisamos de olhos de ver e de mãos que não se incomodem em acolher, mesmo que tardiamente, os que ficaram pelo caminho. Quero acreditar que a perversidade que mora por aí seja, também, um engano. Mesmo os que se acham instruídos ignoram o que de fato poderia fazê-los felizes. Este é o grande problema, a ignorância. Por ignorância, fizeram-se egoístas, arrogantes, e uma cegueira roubou-lhes as mais lindas paisagens. É por isso que não percebem que, cuidando, se sentem cuidados; que, compreendendo, se sentem compreendidos; que, abraçando, recobram o que é bom. Bom, Elizabeth, é ver você, mesmo machucada pelas ausências. Ver você tem um significado difícil de explicar. Só vivendo para saber.

Este livro foi impresso
pela Assahi Gráfica em
papel norbrite plus 66,6 g.